SECRETOS

MASÓNICOS

Simbología, Rituales y Otros Secretos
de las Logias Masónicas

Por

Pluma Arcana

Una Publicación De
www.OperacionArconte.com

Primera edición octubre de 2024

Contenido

Introducción 1

Parte I – El Camino Hacia La Iluminación 5

La Noche de Iniciación 5

Secretos de la Antigua Orden 8

Divinidad en el Rito Masónico......................................10

El Concepto de Dios 11

Sobre el Antiguo Testamento 12

La Búsqueda de la Verdad 13

Quitar el Velo..14

Esoterismo en el judaísmo..15

Esoterismo en el cristianismo.......................................16

Esoterismo en el islam 17

Religiones Abrahámicas..18

Esoterismo En La Masonería 19

Cuando La Tierra Se Detuvo...20

El Simbolismo del Maíz..22

Arte y Misterios Masónicos 22

Acusaciones De Satanismo 28

PARTE II – La Transformación 33

Descifrando Los Rituales 34

El Aprendiz..37

En el Umbral de la Logia 38

Adentrándose en el Templo...39

Peregrinaje Simbólico 40

El altar y su Significado 42

Alquímia y el Triángulo Sagrado 45

Los Tres Elementos Vitales.. 46

Los Cuatro Elementos Primordiales 48

El Altar y Su Significado.. 49

Preparación Para El Juramento... 50

El Juramento Solemne.. 51

Despertar a la Luz 52

Hermetismo y Masonería 53

Alquimia Interior... 57

El Tablero de Seguimiento 61

Apertura de la Logia y de la Mesa.. 63

El Grado de Compañero Masón 64

Evaluación Previa al Ascenso 66

Apertura de la Logia en Segundo Grado 67

Pasos previos y Peregrinación.. 68

Acercarse al altar.. 68

Juramento del Compañero.. 71

Secretos Revelados.. 73

Pilares Simbólicos... 74

El Delantal del Compañero 79

Enseñanzas del Segundo Grado.. 79

Cerrando la Logia.. 81

El Maestro: La Última Revelación 82

Apertura del Tercer Grado 84

Entrada al Recinto 85

Ante El Altar 86

La Prueba Suprema 87

La Muerte Simbólica...88

Ascenso del Maestro 89

Secretos del Maestro Masón 89

El Delantal del Maestro...90

Leyenda de Hiram Abif...91

Herramientas del Maestro 93

Cierre de la Logia de los Maestros 94

Reflexiones Adicionales..95

Misticismo de los Números Pitagóricos 97

Los Números 100

Raíces de la Orden Masónica 105

El Delantal como Símbolo Distintivo de la Masonería...........111

La Masonería como Escuela de Misterios 115

PARTE III - Vivir la Luz: Un Camino de Búsqueda Espiritual 121

Los Requisitos del Masón 122

Pautas para el Desarrollo Espiritual 124

Prácticas yóguicas para el crecimiento espiritual 125

Componentes de la práctica yóguica 126

El Universo y su Energía..137

La Ley de la Mentalidad o del Pensamiento...........................138

El Significado Oculto del Padre Nuestro................................139

La Triple Manifestación del Logos 143

Los Cuerpos del Ser 144

El Propósito de la Vida 145

La Oración del Padre Nuestro desde una Perspectiva Esotérica 146

El Diagrama de los Cuerpos Espirituales 147

La Perseverancia 148

Epílogo 151

Glosario Masónico y Esotérico 154

Sobre el Autor 160

Introducción

En mi constante búsqueda por la verdad y la luz, he emprendido un camino que me ha llevado a explorar los enigmas del universo, los misterios de la humanidad y las profundidades del ser. Como escritor (bajo el pseudónimo de Pluma Arcana), mi pasión por el ocultismo y el conocimiento esotérico me ha impulsado a escribir varios libros y a compartir mis descubrimientos a través del canal de YouTube OPERACIÓN ARCIONTE. En colaboración con Cynthia de Salvador Freixedo, hemos abordado temas que a menudo se consideran tabú o se malinterpretan.

En esta ocasión, me he optado por el fascinante mundo de la masonería, una sociedad que ha sido objeto de especulaciones, teorías conspirativas y acusaciones infundadas. A lo largo de la historia, la masonería ha sido vista por algunos como una organización secreta y poderosa, vinculada a grupos illuminati y logias ocultas. Sin embargo, creo firmemente que gran parte de esta percepción se debe a la desinformación y a la falta de comprensión de los verdaderos principios y enseñanzas masónicas.

Para arrojar luz sobre este tema, he tenido el privilegio de entrevistar a un maestro masón, a quien he denominado MM, un individuo que ha alcanzado los más altos grados dentro de la orden y posee un profundo conocimiento de sus rituales, símbolos y filosofía. A través de nuestras conversaciones, MM ha compartido generosamente su sabiduría y ha proporcionado una perspectiva única sobre la masonería, que va más allá de los mitos y las especulaciones.

Este libro es el resultado de un viaje de descubrimiento, en el que he explorado los rituales masónicos y he buscado desentrañar los significados ocultos que se esconden tras sus símbolos y alegorías. MM ha sido un guía invaluable en este proceso, compartiendo sus propias experiencias y conocimientos adquiridos a lo largo de décadas de estudio y práctica masónica.

A través de las palabras de MM, he descubierto que la masonería es mucho más que una simple fraternidad o una sociedad secreta. Es una escuela de misterios, un camino de desarrollo personal y espiritual que busca elevar la conciencia del individuo y conectarlo con las verdades universales. Los rituales masónicos, lejos de ser meras representaciones teatrales, están imbuidos de profundos significados que apuntan hacia realidades trascendentales y enseñanzas esotéricas.

MM me ha mostrado cómo cada grado masónico, desde el Aprendiz hasta el Maestro, representa etapas en el viaje del iniciado hacia la iluminación. Cada símbolo, cada gesto y cada palabra pronunciada en los rituales tienen un propósito y un significado oculto que solo se revela a través del estudio diligente y la reflexión profunda. La masonería, en su esencia, es una búsqueda de la verdad y la luz, un camino de transformación interior que requiere dedicación, perseverancia y una mente abierta.

A lo largo de las páginas de este libro, compartiré los conocimientos y las revelaciones que he obtenido gracias a las enseñanzas de MM. Exploraremos los orígenes de la masonería, sus vínculos con antiguas tradiciones esotéricas y su relevancia en el mundo moderno. Descubriremos cómo los principios masónicos de fraternidad, caridad y verdad se entrelazan con una profunda filosofía espiritual que busca elevar al ser humano hacia su máximo potencial.

Además, abordaremos algunos de los malentendidos y acusaciones que han rodeado a la masonería a lo largo de los siglos. A través de un análisis objetivo y fundamentado, disiparemos mitos y proporcionaremos una visión más equilibrada de esta antigua institución. Veremos cómo la masonería, lejos de ser una fuerza oscura o conspirativa, ha sido un faro de luz y conocimiento para aquellos que buscan la verdad y el crecimiento personal.

Es importante destacar que este libro no pretende ser una exposición completa de los secretos masónicos, ya que muchos de ellos están reservados para aquellos que han sido debidamente iniciados y han jurado guardar silencio. Sin embargo, a través de las enseñanzas de MM y mi propia investigación, espero arrojar luz sobre los aspectos más profundos y significativos de la masonería, invitando al lector a reflexionar sobre su propia búsqueda de la verdad y la iluminación.

Pluma Arcana

www.OperacionArconte.com

Parte I – El Camino Hacia La Iluminación

La Noche de Iniciación

La noche de su iniciación, el iniciado se encuentra sumido en una mezcla de nerviosismo y expectación. Al cruzar el umbral del templo masónico, descubre que algunos de sus conocidos y amigos son masones, una revelación que probablemente nunca hubiera imaginado. Este descubrimiento inicial siembra una semilla de curiosidad: ¿qué otros aspectos de su vida están entrelazados con esta antigua fraternidad?

Mientras se prepara para el ritual, es despojado de sus metales, una acción simbólica que representa el abandono de su yo mundano para adentrarse en un mundo de conocimiento oculto. En ese momento, una pregunta inevitable cruza su mente: ¿será esta ceremonia una experiencia esotérica o mágica, llena de símbolos arcanos y misterios insondables? La mente del iniciado se llena de imágenes de antiguas tradiciones y rituales místicos, anticipando un encuentro con lo desconocido.

Durante el transcurso del ritual, las palabras y acciones se suceden con una rapidez vertiginosa, creando una corriente de eventos que apenas deja tiempo para la reflexión. El iniciado lucha por procesar todo lo que acontece ante sus ojos y oídos. ¿Será esto realmente lo que esperaba? Al finalizar la ceremonia, una sensación de sorpresa lo invade al notar la ausencia de elementos esotéricos exagerados o manifestaciones sobrenaturales. La realidad de la masonería, más basada en la filosofía y la moralidad que en la magia, le deja con más preguntas que respuestas.

Días después, al releer el texto del ritual, el significado de las palabras y gestos comienza a emerger con mayor claridad. Las lecciones morales y éticas se revelan de manera contundente, guiando al iniciado hacia una comprensión más profunda de sí mismo y de su entorno. Sin embargo, surge una inquietud persistente: ¿dónde están los antiguos secretos y misterios masónicos que tanto se mencionan? La ausencia de revelaciones inmediatas provoca una búsqueda interna por desentrañar los verdaderos enigmas de la fraternidad.

Al avanzar hacia el segundo grado, el iniciado espera hallar las respuestas que el primer rito no pudo ofrecer. Aquí, se habla de los secretos de la naturaleza y la ciencia, temas que despiertan su interés y curiosidad. Sin embargo, la búsqueda de estos conocimientos parece aún más abstracta y esotérica. ¿Dónde se encuentran realmente estos secretos? La respuesta no es inmediata, lo que impulsa al iniciado a profundizar en los estudios y reflexiones sobre la simbología y las enseñanzas masónicas.

El tercer grado, considerado el culmen de la iniciación, promete una revelación especial. Durante esta ceremonia, el iniciado experimenta una transformación profunda en su perspectiva sobre la muerte y la trascendencia. La ceremonia, cargada de simbolismo, lo confronta con conceptos de mortalidad y renacimiento, ofreciéndole una nueva comprensión de la vida y el más allá. Sin embargo, a pesar de esta revelación, persisten interrogantes: ¿responderá esta experiencia a todas sus preguntas? La respuesta parece ser que, en lugar de cerrar el círculo de dudas, el tercer grado abre nuevas avenidas de exploración personal y espiritual.

Más allá de los rituales y los grados, el iniciado se enfrenta a una serie de misterios que aún aguardan ser descubiertos. La terminología "antigua masonería" evoca una rica historia llena de tradiciones y saberes ancestrales. ¿Cuál es la verdadera naturaleza de sus secretos? Esta pregunta lo lleva a investigar los orígenes de la masonería, sus vínculos con otras sociedades secretas y su influencia en eventos históricos significativos.

Los símbolos y rituales masónicos, cargados de significados profundos, son otro enigma que el iniciado desea desentrañar. Cada gesto, cada objeto tiene una historia y un propósito, diseñado para transmitir lecciones morales y filosóficas. ¿Qué significado profundo se esconde tras estos símbolos? La respuesta no es sencilla y requiere un estudio detallado y una reflexión continua. El iniciado comienza a notar patrones y conexiones que antes le pasaban desapercibidos, descubriendo que cada símbolo es una llave que abre puertas hacia un entendimiento más amplio del mundo y de sí mismo.

Con cada descubrimiento y cada pregunta, el iniciado se da cuenta de que ha comenzado el verdadero camino iniciático. Este camino no es lineal ni predecible; es una búsqueda personal de la verdad masónica que requiere dedicación, estudio y introspección. El iniciado se sumerge en el análisis detallado de los rituales, prestando especial atención a aquellos momentos que resonaron más profundamente durante las ceremonias. Cada repetición del ritual revela nuevas capas de significado, y cada reflexión personal lo acerca más a la esencia de la masonería.

La búsqueda de la verdad masónica se convierte en una parte integral de su vida, influenciando sus decisiones, su forma de ver el mundo y sus relaciones con los demás. A medida que avanza en su viaje, el iniciado descubre que la masonería no es solo una fraternidad secreta, sino un camino de autoconocimiento y crecimiento espiritual. Este viaje le enseña que los verdaderos secretos de la masonería no están ocultos en misterios inalcanzables, sino en la capacidad de cada individuo para buscar la verdad y vivir de acuerdo con principios elevados.

Secretos de la Antigua Orden

Los rituales de iniciación masónica aluden a los "secretos y misterios de la antigua masonería". Estos secretos se describen como señales mediante las cuales los masones se reconocen mutuamente y se diferencian del resto de la sociedad. La referencia a los misterios sugiere interrogantes sobre su verdadero significado y naturaleza.

Se ha planteado la hipótesis de que dichos misterios podrían estar vinculados con los Misterios de Eleusis, ceremonias esotéricas de iniciación que se realizaban en la antigua Grecia y que introducían a los participantes en enseñanzas místicas. Esto establece una posible conexión entre el misticismo antiguo y la masonería que invita a ser explorada con mayor detalle.

El término "misticismo", de origen griego, está relacionado con la búsqueda de comunión o identificación con una realidad última, la divinidad o una verdad espiritual, generalmente a través de la experiencia directa o la intuición. Este concepto parece estar presente en los rituales masónicos, aunque encubierto bajo un lenguaje alegórico.

Diversas doctrinas místicas, como las enseñanzas teosóficas y rosacruces, se han mencionado en relación con la masonería. Aunque estas enseñanzas no se expresan explícitamente en los rituales, se sugieren a través de simbolismos que invitan al iniciado a profundizar en la sabiduría masónica. Los grados masónicos instan a sus miembros a avanzar en el conocimiento de los misterios ocultos, tanto de la naturaleza como del ser humano, alentando el estudio personal.

Las enseñanzas místicas transmitidas a través de organizaciones como la Sociedad Teosófica y la Antigua Orden Mística Rosae Crucis se consideran un legado ancestral que revela la naturaleza del Creador y del universo, así como el propósito de la existencia humana. Estas enseñanzas, lejos de ser simples creencias, se afirman como verificables mediante un método similar al científico. Ofrecen lecciones sobre cómo aproximarse a una realidad trascendental y espiritual.

Sin embargo, este conocimiento no está disponible para todos, sino solo para aquellos que lo buscan sinceramente. A través de símbolos y alegorías, la masonería señala la existencia de este conocimiento, pero no lo proporciona de manera directa, invitando a sus miembros a emprender una búsqueda personal.

Divinidad en el Rito Masónico

La creencia en un Ser Supremo es un requisito esencial para ser admitido en la francmasonería. Aunque esta condición permite la inclusión de individuos de diferentes confesiones religiosas, también puede tener un significado más profundo. La exigencia de fe en algo superior a uno mismo parece asegurar que solo aquellos con un nivel determinado de conciencia estén preparados para la iniciación masónica.

Un artículo de Paul Adams, publicado en 2011 en la revista Philalethes, destaca cómo la masonería ha abordado tradicionalmente el tema del deísmo y el ateísmo. Adams menciona que, en el pasado, los deístas eran tratados de manera similar a los ateos, lo que habría impedido su ingreso a la masonería. Sin embargo, en tiempos recientes, la institución ha ampliado su comprensión de las creencias personales.

Muchas personas, aunque rechazan abiertamente la idea de un Dios tradicional, reconocen la existencia de alguna fuerza superior, una realidad que va más allá de la comprensión humana. Esta concepción se asemeja a la idea hermética del Creador descrito en el Kybalion, donde se afirma que "El Todo es mente; el Universo es mental".

La masonería promueve la tolerancia religiosa y anima a sus miembros a comprender estas creencias heterodoxas. Muchas personas buscan una vida espiritual, aunque no necesariamente dentro de los marcos doctrinales de las religiones institucionalizadas. Para estas personas, la imagen de Dios está profundamente influenciada por su entorno cultural y educación, lo que lleva a algunos a buscar respuestas más allá de las religiones tradicionales.

Estudios académicos han revelado que algunas de las narraciones bíblicas tienen sus raíces en historias antiguas de Babilonia, que a su vez derivan de textos sumerios mucho más antiguos. Estos relatos sugieren que el dios de las principales religiones abrahámicas no necesariamente es el mismo que el Creador del universo.

La masonería, al plantear preguntas sobre el Ser Supremo, abre el debate sobre si personas con creencias no convencionales o heterodoxas pueden ser aceptadas en la orden. La respuesta parece ser afirmativa, siempre y cuando estas personas reconozcan la existencia de una realidad superior.

El Concepto de Dios

Dentro de la masonería, se utilizan varios nombres para referirse al Creador, entre ellos "El Gran Arquitecto del Universo" y "El Gran Geómetra del Universo". Este uso refleja la diversidad de creencias dentro de la fraternidad, donde personas de distintas confesiones pueden unirse bajo una misma idea de un poder superior.

Otras tradiciones religiosas y filosóficas también ofrecen sus propias definiciones del Ser Supremo. En el zoroastrismo, por ejemplo, se hace referencia a Ahura-Mazda como un ser infinito y perfecto, inaccesible para la mente humana. En el hermetismo, según el Kybalion, el Ser Supremo es descrito como "El Todo", una Mente Universal e Infinita que sustenta todas las manifestaciones del universo. Estas definiciones son similares a las de otras corrientes místicas como la Teosofía, la Antroposofía y el Gnosticismo.

En la fe bahá'í, Dios es percibido como un ser incognoscible y omnipotente, mientras que en el sijismo se le llama Vahigurū, un ser sin forma ni género, presente en todas partes y perceptible solo a través de la meditación espiritual.

Independientemente del nombre utilizado, muchas tradiciones coinciden en que el Creador se manifiesta en todo el universo y es inaccesible para la mente finita humana, aunque perceptible a través de la experiencia espiritual.

Sobre el Antiguo Testamento

Algunos estudios han sugerido que el dios del Antiguo Testamento no es el creador del universo, sino una figura más limitada, vinculada a los mitos de la antigua Mesopotamia. Este punto de vista se basa en investigaciones arqueológicas que revelan que gran parte de las escrituras hebreas fueron adaptadas de textos babilónicos y sumerios más antiguos.

Textos sumerios, como los que relatan las hazañas de los Anunnaki, describen seres divinos que interactuaban con la humanidad y la moldeaban. Estos relatos han sido interpretados por algunos como los orígenes de muchas de las historias bíblicas. Aunque esta perspectiva no es ampliamente aceptada por la corriente académica principal, ha sido respaldada por estudiosos como Zechariah Sitchin.

En paralelo, se ha cuestionado la imagen del Dios bíblico debido a las numerosas atrocidades atribuidas a Él en las escrituras. A lo largo del Antiguo Testamento, se relatan actos de violencia y castigo divino que han llevado a algunos a reconsiderar el carácter de esta deidad.

La Búsqueda de la Verdad

La búsqueda de la verdad es una de las principales motivaciones en la vida de quienes se aventuran a cuestionar las enseñanzas tradicionales. La masonería, con su énfasis en el autoconocimiento y la investigación personal, proporciona un marco en el que sus miembros pueden explorar preguntas profundas sobre el origen del universo y el propósito de la existencia.

El estudio del Antiguo Testamento y los textos antiguos de otras culturas invita a reflexionar sobre el concepto de divinidad. La masonería, con sus principios de tolerancia y búsqueda de la verdad, fomenta una comprensión más amplia y matizada de la espiritualidad y el Ser Supremo.

En los rituales del Tercer Grado, se alienta a los masones a liberar el alma del orgullo y los prejuicios, y a mirar más allá de las instituciones religiosas y civiles para encontrar la verdad. Esta instrucción, profundamente arraigada en la filosofía masónica, resuena con la idea de que la verdadera comprensión del universo requiere una mente abierta y un compromiso constante con la investigación y el conocimiento.

Quitar el Velo

La siguiente idea, atribuida al filósofo René Guénon, destaca una distinción esencial entre el significado aparente y el significado oculto en las religiones y otras áreas de la vida:

"Todas las cosas tienen su interior y su exterior, el significado aparente, abierto o exotérico y un significado oculto, escondido o esotérico. Uno se refiere principalmente a lo legalista o material, el otro a lo espiritual o metafísico. Lo mismo ocurre con las grandes religiones de la humanidad, en particular el judaísmo, el cristianismo y el islam. Los Libros Sagrados de todas estas religiones tienen un significado interior (esotérico) y otro exterior (exotérico)."

Por otro lado, el profesor Huston Smith, en su obra The World's Religions, añade una reflexión similar sobre la dualidad en la interpretación religiosa:

"Religiosamente, las personas tienden a dividirse en dos categorías. Algunos encuentran el sentido que buscan en las formas religiosas -mandamientos, observancias y textos interpretados directa y mayormente de forma literal-, mientras que otros, sin ignorarlas ni abandonarlas, perciben su carácter provisional y buscan los significados que contienen las formas, pero que no pueden equipararse a ellas."

Estas perspectivas invitan a profundizar en la reflexión sobre las principales religiones abrahámicas (judaísmo, cristianismo e islam) desde una óptica que busca el significado más profundo, y establecen una conexión con la Masonería.

Esoterismo en el judaísmo

Moisés es descrito en varios estudios como un iniciado en la sabiduría egipcia, y parece haber conocido la distinción entre las doctrinas externas y sus significados internos. La revelación mosaica, en su forma externa, contenía leyes adaptadas a las necesidades del pueblo hebreo de su época, mientras que los profetas y sacerdotes conservaban los significados esotéricos asociados a los rituales y las enseñanzas.

La Biblia, según estudiosos, ha sido vista como un libro cargado de alegorías, pero pocos han investigado sistemáticamente los símbolos y parábolas en su interior. Se ha sugerido que Moisés instituyó una Escuela de Misterios del Tabernáculo, inspirada en los templos del misticismo egipcio, donde algunos elegidos recibieron enseñanzas que no debían ser escritas, sino transmitidas oralmente. Estas enseñanzas constituían las claves filosóficas para entender las alegorías sagradas, y se cree que forman parte de lo que posteriormente se conocería como la Cábala.

En la época de Jesús, parte del conocimiento esotérico de la religión hebrea se había perdido o corrompido. Las masas estaban atadas a una interpretación estrictamente literal de la ley, mientras que grupos como los esenios, que algunos consideran precursores místicos del cristianismo, mantenían y estudiaban los significados más profundos de la Ley Mosaica.

Esoterismo en el cristianismo

Los Evangelios cristianos también sugieren la existencia de enseñanzas ocultas. Jesús, según los textos, aludía a esta distinción cuando afirmaba a sus discípulos: "A ustedes les es dado conocer los misterios del reino de los cielos, pero a ellos no les es dado."

Otra enseñanza es la advertencia de no compartir conocimiento esotérico con quienes no están preparados para recibirlo: "No den a los perros lo que es sagrado; no echen sus perlas a los cerdos."

El "Sermón de la Montaña" y el "Padre Nuestro" son ejemplos donde es posible interpretar un significado esotérico detrás de las enseñanzas más evidentes.

Sin embargo, hacia el siglo IV d.C., las enseñanzas originales de Jesús empezaron a corromperse. Bajo el emperador Constantino, el cristianismo fue adoptado como una herramienta política para unificar los territorios conquistados bajo una misma religión. Este cristianismo institucionalizado promovió dogmas que se alejaban de los principios esotéricos originales, y la jerarquía clerical impuso esta versión bajo penas severas. Los textos gnósticos, que hablaban de doctrinas secretas, fueron destruidos, y cualquier mención de ellos fue castigada con tortura o muerte.

Esoterismo en el islam

El Sagrado Corán, al igual que las escrituras de las otras religiones abrahámicas, también posee un significado exotérico y uno esotérico. En los primeros tiempos del islam, no existía una clara separación entre estos dos niveles de enseñanza. El Profeta Muhammad enseñaba a su círculo íntimo tanto los significados externos como los internos de las revelaciones que recibía.

En el contexto esotérico del islam, el conocimiento espiritual era reservado para aquellos considerados intelectualmente y moralmente preparados para recibirlo, y se transmitía de forma gradual y secreta. Las órdenes sufíes, aunque observaban la ley islámica de manera estricta, consideraban que esta solo era la cáscara que ocultaba un núcleo más profundo de verdad esotérica.

Los fatimíes, una rama del islam, destacaron por su estructura esotérica. Aunque públicamente mantenían prácticas ortodoxas, solo aquellos con la capacidad adecuada recibían las enseñanzas más profundas. Su sistema de formación de maestros esotéricos se convirtió en un modelo para las logias francmasónicas que surgirían en Occidente.

A partir del siglo IX, algunos musulmanes que seguían el camino esotérico comenzaron a declarar abiertamente su adhesión a estas enseñanzas, lo que les valió la persecución de los clérigos islámicos ortodoxos. Varios sufrieron encarcelamiento o incluso la muerte por herejía.

Algunos historiadores del siglo XIX argumentaban que comunidades islámicas secretas, como los drusos y los ismailíes, fueron responsables de transmitir conocimientos ocultos a Europa, influyendo en los templarios, rosacruces y francmasones. Se menciona que Christian Rosenkreutz, mítico fundador del rosacrucismo, habría adquirido conocimientos de fuentes islámicas durante un viaje a Damasco.

Religiones Abrahámicas

En las religiones abrahámicas, los fundamentalistas suelen preocuparse exclusivamente por la interpretación literal de sus escrituras, mientras que rechazan cualquier lectura mística o esotérica. Esta postura a menudo conduce a la intolerancia y el conflicto, ya que solo se percibe una dimensión superficial de las enseñanzas.

Al estudiar el esoterismo dentro del judaísmo, cristianismo e islam, y comparándolo con otras tradiciones antiguas, es posible extraer la esencia de sus enseñanzas originales. Sin embargo, en el judaísmo contemporáneo, el cristianismo institucional y algunas corrientes del islam, se ha perdido en gran medida el vínculo con esta pureza original.

Curiosamente, cuando se examinan estas religiones desde una perspectiva esotérica, comparten mensajes fundamentales similares, a pesar de los conflictos entre sus seguidores a lo largo de la historia.

Quienes busquen profundizar en el aspecto esotérico de estas religiones pueden encontrar numerosos textos sobre el tema.

Esoterismo En La Masonería

En los rituales masónicos, es común la existencia de interpretaciones tanto exotéricas como esotéricas. Estas interpretaciones no implican que la masonería deba ser equiparada a una religión, sino que se señala la presencia de signos ocultos que sugieren un conocimiento esotérico transmitido a lo largo de la historia. Sin embargo, la Francmasonería no es el depositario de este conocimiento, sino que lo señala a través del uso de símbolos.

La masonería se define en el ritual como "un bello sistema de moralidad... velado en alegorías e ilustrado por símbolos". La misma terminología utilizada indica la existencia de significados ocultos. El término "velado" sugiere que algo está escondido, y una alegoría es una narración con un significado oculto o simbólico. Además, una parte del ritual establece una conexión con los antiguos filósofos egipcios, quienes ocultaban sus principios bajo símbolos jeroglíficos, que solo eran revelados a sacerdotes y magos. Del mismo modo, la masonería utiliza símbolos con propósitos similares.

Es esencial preservar cada palabra del ritual masónico. Cualquier modificación realizada por quienes no comprenden su significado esotérico podría conducir a la pérdida de conocimiento importante, como ha ocurrido en el pasado.

Para entender mejor estos significados esotéricos, se recomienda profundizar en el estudio de los tres grados del Oficio, tal como se aborda en la Parte 2 de ciertas obras relevantes.

En este contexto, se subraya la importancia de no tomar las enseñanzas masónicas de manera literal, sino de "mirar más allá de los estrechos límites" de estas y otras instituciones para obtener una comprensión más profunda.

También se ha observado que algunas referencias bíblicas presentes en los rituales masónicos pueden tener un trasfondo alegórico que merece una investigación más profunda.

Cuando La Tierra Se Detuvo

Uno de los pasajes bíblicos referenciados en la ceremonia del segundo grado masónico es el relato de Josué, en el que este pide a Dios que detenga el sol y la luna mientras los israelitas vencen a los amorreos. Según la narración, el sol se detuvo sobre Gabaón y la luna sobre el valle de Ajalón. Este evento, registrado en el libro de Jasher, es descrito como único, sin precedente ni repetición, en el que Dios escuchó la voz de un hombre y luchó por Israel. El suceso también aparece en los libros de Josué y Habacuc.

El análisis de este evento plantea la cuestión de si se trata de un mito o de un fenómeno real. Con los conocimientos actuales, si el sol y la luna parecieron detenerse, se podría deducir que fue la Tierra la que detuvo su rotación. De ser un fenómeno global, se esperaría encontrar relatos similares en otras culturas. De hecho, hay mitos en diferentes civilizaciones que respaldan esta posibilidad.

Ovidio, en su obra Metamorfosis, menciona un "día perdido" en la leyenda de Faetón. En la mitología china, durante el reinado del rey Yao, se narra un día en el que el sol permaneció sobre el horizonte tanto tiempo que la gente temió que el mundo se incendiara. Heródoto, historiador griego, relata que los sacerdotes egipcios le mostraron registros de un día prolongado. En otros lugares del mundo, se menciona que la noche fue anormalmente larga.

Immanuel Velikovsky, en su libro Mundos en colisión (1950), menciona anales mexicanos que describen una catástrofe cósmica en la que la noche duró mucho tiempo. Zechariah Sitchin, en Los Reinos Perdidos, también cita relatos antiguos en los que el amanecer se retrasó considerablemente.

La causa de tal evento ha sido objeto de especulación. Velikovsky sugirió que un cometa interrumpió la rotación de la Tierra. Propuso que Venus fue ese cometa, aunque esta hipótesis ha sido cuestionada debido a la posición actual de Venus en el sistema solar.

Otra posibilidad es que Nibiru, un planeta mencionado en antiguas tablillas sumerias, haya causado catástrofes cósmicas periódicas. Se teoriza que uno de los satélites de Nibiru pudo haber colisionado con la Tierra, lo que explicaría el fenómeno descrito. Aunque se requieren fuerzas colosales para tal evento, algunos cálculos sugieren que podría haberse tratado solo de un impacto en la corteza terrestre, afectando la duración del año, como lo indican los antiguos calendarios que mencionan años de 360 días.

Si bien estos relatos son intrigantes, el significado masónico del pasaje no es inmediatamente evidente, salvo como una posible lección de cosmogonía. Sin embargo, otro pasaje bíblico en el ritual del Segundo Grado merece una revisión más detallada.

El Simbolismo del Maíz

El relato de Jueces 12, mencionado en los rituales masónicos, describe un conflicto entre efraimitas y galaaditas. Los efraimitas, al intentar cruzar el río Jordán, eran desafiados por los galaaditas a pronunciar la palabra "Shibboleth". Aquellos que no podían pronunciarla correctamente eran capturados y ejecutados. Este episodio resultó en la muerte de cuarenta y dos mil efraimitas.

La lección moral implícita en este pasaje está relacionada con la importancia de la paciencia y la tolerancia en momentos difíciles, pero también enseña que llega un punto en que se deben afrontar los problemas con determinación.

Otro elemento importante es el término "Shibboleth", que proviene del hebreo y significa "espiga de maíz" o "arroyo". Este término tiene relevancia en el contexto del grado de Compañero en la masonería, donde adquiere un significado simbólico relacionado con el crecimiento intelectual y espiritual, representado por la espiga cerca del arroyo en el tablero del segundo grado.

El uso de "shibboleths" como marcadores culturales o lingüísticos para distinguir entre grupos ha sido común a lo largo de la historia, y su aplicación en diversas culturas, desde la Segunda Guerra Mundial hasta la antigüedad, es un ejemplo de su uso en situaciones de conflicto.

Arte y Misterios Masónicos

El simbolismo masónico puede encontrarse en diversas expresiones artísticas. Un ejemplo notable es la pintura El caminante de Hieronymus Bosch, también conocida como El vendedor ambulante. La obra, realizada en 1510, ha desconcertado a los críticos a lo largo del tiempo, pero contiene elementos que pueden ser interpretados simbólicamente desde una perspectiva masónica.

El cuadro muestra a un viajero solitario que camina por un paisaje hostil. A su alrededor hay tentaciones y peligros, pero el caminante parece concentrado en su objetivo. Para quienes están familiarizados con el simbolismo masónico, esta imagen puede representar el viaje iniciático, lleno de pruebas y desafíos que el iniciado debe superar para alcanzar la luz del conocimiento.

El bastón que sostiene el viajero puede interpretarse como un símbolo de rectitud, mientras que los peligros que lo rodean representan las distracciones y tentaciones que el masón debe aprender a dominar. Este cuadro es un ejemplo de cómo el arte puede contener profundos significados simbólicos que se revelan solo a quienes están familiarizados con la tradición masónica.

Aunque Bosch no era masón, su obra parece reflejar preocupaciones espirituales y morales que coinciden con los valores de la masonería. Este cuadro invita a reflexionar sobre el viaje de la vida y las dificultades que conlleva, una meditación que resuena con la filosofía masónica.

Luego, el simbolismo presente en diversas expresiones culturales, como el arte y los textos antiguos, ofrece un campo fértil para la reflexión masónica sobre el crecimiento moral y espiritual, proporcionando lecciones valiosas para quienes se esfuerzan por avanzar en su propio camino iniciático.

La obra pictórica analizada presenta diversos elementos que podrían insinuar la presencia de simbología masónica, lo cual invita a un observador atento a examinar más allá de lo visible. El componente central de la imagen es una verja ubicada en primer plano, cuyo diseño inusual despierta preguntas sobre su origen y propósito. En la estructura se observa un símbolo cuadrado, que puede resultar significativo para quienes reconocen la iconografía masónica, sugiriendo un análisis más profundo en busca de posibles significados ocultos. Adicionalmente, se detecta la presencia de triángulos pitagóricos en la composición de la puerta, un elemento que refuerza la posibilidad de una interpretación esotérica.

Al observar la figura masculina en la pintura, emergen detalles que podrían pasar inadvertidos para un espectador menos atento. Un examen detallado revela que el talón izquierdo del sujeto está descalzo, mientras que la rodilla derecha está descubierta y doblada, postura que remite a gestos rituales. Además, la disposición del pie y la pierna derecha sugiere la formación de un cuadrado, una forma geométrica cargada de simbolismo dentro de la tradición masónica. Estos detalles parecen cuidadosamente compuestos para comunicar un mensaje oculto dirigido a aquellos familiarizados con el simbolismo de la fraternidad.

Otro aspecto relevante es la posición de la correa de la mochila, la cual rodea los hombros de manera poco convencional. Su ubicación coincide con el punto donde, en ciertos rituales masónicos de origen estadounidense, se coloca un cable de remolque, objeto con un valor simbólico particular dentro de la liturgia masónica. Este detalle aparentemente menor podría tener un significado más profundo para aquellos versados en los arcanos de la orden.

El sombrero que cubre la cabeza del sujeto también es digno de mención, ya que no es un sombrero tradicional, sino un tipo de prenda que se asemeja a una capucha o tocado. Este tipo de vestimenta remite a prácticas iniciáticas antiguas, donde se usaban telas para cubrir el rostro, sujetas en la parte posterior de la cabeza. La presencia de este elemento sugiere una conexión con antiguas tradiciones esotéricas relacionadas con ritos de paso y la transmisión de conocimientos ocultos.

Encima de la figura masculina, se puede identificar una herramienta que parece ser una plomada, un instrumento de gran valor simbólico en el grado de Maestro Instalado dentro de la masonería. La inclusión de este objeto en la composición pictórica refuerza la idea de que la obra posee un simbolismo deliberado y significativo, posiblemente dirigido a aquellos que comprenden los misterios de la orden.

En el fondo de la escena, las ventanas de una taberna también contienen detalles simbólicos. El cristal de la derecha presenta una rotura en forma de cruz Tau, un símbolo asociado con el delantal utilizado por los Maestros Instalados en ciertos ritos masónicos. El cristal de la izquierda parece mostrar un corazón arrancado, imagen significativa en el grado de Compañero en la progresión masónica. Estos elementos, aunque aparentemente triviales, podrían transmitir mensajes codificados dirigidos a observadores capacitados para interpretarlos.

La inclusión de un búho posado en un árbol sobre el personaje principal también es significativa. La aparición de este animal, generalmente nocturno, durante el día sugiere una intención simbólica. En varias tradiciones esotéricas, el búho representa la sabiduría y el conocimiento oculto, cualidades valoradas en las sociedades iniciáticas como la masonería. Su presencia en la obra podría estar señalando un mensaje cifrado destinado a aquellos con el conocimiento adecuado.

El análisis de la iluminación en la pintura revela que el sol proyecta luz sobre el viajero desde el sur, lo que implica que se está desplazando desde el oeste hacia el este. Esta trayectoria tiene un fuerte valor simbólico dentro del Tercer Grado masónico, donde el recorrido del sol y los puntos cardinales adquieren un significado trascendental. El movimiento del personaje podría estar aludiendo a etapas claves del proceso iniciático.

La interpretación de la obra sugiere que el protagonista se aleja de un entorno imperfecto y caótico, representado en la escena, buscando escapar de los peligros espirituales. Se dirige hacia una puerta cuadrada, que podría representar un umbral hacia el sendero estrecho y el proceso de purificación espiritual, en sintonía con ciertos pasajes de los rituales masónicos. Este simbolismo podría hacer referencia a la búsqueda de verdad y elevación espiritual emprendida por los iniciados.

Aunque el tamaño reducido de la obra dificulta la apreciación de ciertos detalles en el fondo, es probable que existan otros elementos simbólicos esperando ser descubiertos. Cuerpos masónicos como el Arco Real o el Rito Escocés podrían identificar en la obra referencias específicas a sus propios sistemas simbólicos, enriqueciendo las posibilidades de interpretación. Un examen más detallado del original podría arrojar luz sobre los múltiples significados presentes en la obra.

Este análisis subraya la importancia de estar atentos a los símbolos presentes en nuestro entorno, incluso en contextos que aparentemente no tienen relación directa con la masonería. La capacidad de interpretar estos mensajes ocultos abre puertas hacia una comprensión más profunda de las corrientes esotéricas que han influido en la cultura y el pensamiento a lo largo de la historia. Cada detalle, por más insignificante que parezca, puede contener claves que revelen aspectos ocultos de nuestro entorno y permitan conexiones reveladoras en distintos ámbitos del conocimiento.

Acusaciones De Satanismo

A lo largo del tiempo, la masonería ha sido objeto de acusaciones que la vinculan con prácticas satánicas, formuladas por personas ajenas a la hermandad. Estas acusaciones, sin fundamento, suelen surgir de teorías conspirativas o de sectores influenciados por el fundamentalismo, que rechazan lo que no comprenden. Para quienes conocen los principios masónicos, tales imputaciones resultan desconcertantes, pero es crucial entender las causas detrás de estos malentendidos para esclarecer su origen.

Uno de los factores que contribuye a estas acusaciones es la interpretación errónea de los escritos de Albert Pike, un influyente pensador masónico. Opositores de la masonería suelen citar fragmentos de su obra fuera de contexto para respaldar sus argumentos, sin diferenciar adecuadamente entre el Rito Escocés y la masonería. Esta falta de rigor en el análisis de las fuentes ha perpetuado los malentendidos sobre la hermandad.

Una cita en particular, de su obra Morals & Dogma of the Ancient & Accepted Scottish Rite of Freemasonry, es usada para asociar a la masonería con el satanismo. En esta, Pike menciona a Lucifer como "Hijo de la Mañana" en una reflexión retórica. Este pasaje, tomado de un texto de más de 800 páginas, ha sido malinterpretado, vinculándolo con la adoración a Satanás, algo que surge de un error de traducción en la versión King James del Antiguo Testamento, donde "Lucifer" se refiere a una entidad distinta.

El término "Lucifer" en el Antiguo Testamento aparece solo una vez en Isaías 14:12, pero un análisis del texto hebreo original muestra que el nombre "Lucifer" no figura en el manuscrito. En cambio, se refiere a la "estrella del día", una metáfora sobre un rey babilonio que persiguió al pueblo de Israel, sin relación alguna con Satanás. Esta confusión ha alimentado las falsas acusaciones contra la masonería.

A lo largo de los siglos, ha habido una transformación significativa en la interpretación de ciertos pasajes bíblicos, particularmente en lo que respecta a la figura de Lucifer. Originalmente, Lucifer se entendía como el lucero del alba, pero con el tiempo fue asociado con un ángel rebelde, expulsado del cielo y condenado a reinar en el infierno. Teólogos, escritores y poetas contribuyeron a consolidar esta visión, fusionando la figura de Lucifer con la doctrina de la Caída. En la tradición cristiana, Lucifer llegó a equipararse con Satanás, el Diablo o el Príncipe de las Tinieblas. Este cambio semántico ha perpetuado la confusión y ha fomentado acusaciones infundadas hacia organizaciones como la masonería.

Con el fin de aclarar estas interpretaciones y tratar los problemas derivados de las traducciones bíblicas, en octubre de 1946 se organizó una conferencia que reunió a delegados de diversas denominaciones cristianas. Entre ellas se encontraban la Iglesia de Inglaterra, la Iglesia de Escocia, los bautistas, metodistas y congregacionalistas. Con el tiempo, se unieron también presbiterianos, cuáqueros y observadores de la Iglesia Católica Romana. El resultado de esta colaboración fue la creación de la Nueva Biblia Inglesa, cuyo Nuevo Testamento se publicó en 1969, seguido del Antiguo Testamento en 1970. A pesar de estos esfuerzos, la incomprensión sobre la figura de Lucifer y su supuesta conexión con la masonería sigue vigente.

Otro símbolo que ha suscitado controversia es el pentáculo o estrella de cinco puntas, al que algunos sectores antimasónicos han atribuido connotaciones satánicas. No obstante, no se ha demostrado su uso en los rituales de la masonería. La presencia ocasional de este símbolo en el atuendo de algunos oficiales de la Gran Logia no justifica las generalizaciones que lo vinculan con cultos demoníacos. Un análisis histórico revela que el pentáculo tiene raíces antiguas y su significado varía según el contexto cultural y espiritual.

En la antigua Mesopotamia, el pentáculo representaba el poder imperial, mientras que para los egipcios, griegos y romanos, simbolizaba el Inframundo y los misterios relacionados con la vida después de la muerte. Durante siglos, el pentáculo fue utilizado por los cristianos como un símbolo secundario de su fe, aludiendo a las cinco llagas de Cristo en la cruz. También ha sido adoptado por los rosacruces y otras corrientes esotéricas como un emblema de conocimiento y elevación espiritual. La variedad de significados asociados a este símbolo subraya la necesidad de abordarlo con rigor y sin caer en interpretaciones simplistas o erróneas.

La persistencia de las acusaciones de satanismo hacia la masonería destaca la importancia de fomentar un diálogo basado en el conocimiento y la tolerancia. Es fundamental desentrañar los malentendidos que originan estas imputaciones y promover un análisis cuidadoso de las fuentes y los contextos históricos que han dado lugar a ciertos símbolos y conceptos. Solo a través de un esfuerzo sostenido para esclarecer la verdad será posible superar los prejuicios y construir un entendimiento más profundo entre quienes practican la masonería y aquellos que la cuestionan desde perspectivas dogmáticas o mal informadas.

La masonería se presenta como un camino de búsqueda espiritual y perfeccionamiento moral, sin ninguna relación con prácticas o cultos malignos. Sus principios fundamentales, centrados en la tolerancia, la fraternidad y la búsqueda de la verdad, son incompatibles con los rituales satánicos que se le atribuyen erróneamente. Es responsabilidad de todos, tanto iniciados como no iniciados, trabajar para disipar estos malentendidos y promover un enfoque respetuoso y fundamentado hacia las tradiciones iniciáticas que han influido en la historia de la humanidad.

PARTE II – La Transformación

La búsqueda de la iluminación espiritual dentro del ritual masónico es un proceso prolongado y complejo. Aunque existe una amplia cantidad de literatura masónica, especialmente en formato digital, uno de los mayores desafíos para los estudiosos es la falta de descripciones claras que detallen el contenido específico de estos textos. Este vacío dificulta la identificación de aquellos materiales que exploran la dimensión esotérica y mística de la masonería, obstaculizando el acceso directo a las fuentes más relevantes.

Entre las fuentes notables, se encuentra la obra de Robert Lomas, un renombrado autor masónico, cuya obra "La ciencia secreta de la iniciación masónica" ha sido reconocida por su profundo análisis de los rituales. Lomas es también conocido por su obra "La llave de Hiram", y su contribución se amplía con las referencias a los textos de Walter L. Wilmshurst, particularmente sus dos trabajos: El Significado de la Masonería e Iniciación Masónica. Estas obras contienen información esencial para entender la verdadera esencia de la orden masónica. Wilmshurst desvela significados profundos en el ritual masónico, clarificando conceptos que solo se insinuaban en las obras de otros autores destacados como Manley P. Hall, Albert Mackey y Albert Pike.

Los rituales masónicos se distinguen por su capacidad para entrelazar múltiples niveles de significación, desde lo simbólico hasta lo espiritual. Los detalles más profundos del ritual se manifiestan cuando el iniciado alcanza un grado de comprensión que le permite ver más allá de lo superficial, revelando una nueva percepción que puede ser transformadora para quienes estudian y aplican estos conocimientos.

El análisis detallado de los tres rituales de Grado permite arrojar luz sobre esta dimensión esotérica, proporcionando una nueva perspectiva para los estudiosos y practicantes que buscan una comprensión más profunda de la masonería.

Descifrando Los Rituales

Albert Pike, una figura prominente en la masonería, señaló: "La Masonería es el sometimiento de lo humano que hay en el hombre a lo Divino; la conquista de los apetitos y las pasiones por el Sentido Moral y la Razón; un continuo esfuerzo, lucha y guerra de lo Espiritual contra lo Material y Sensual". Esta descripción resalta la esencia espiritual de la masonería, orientada hacia la trascendencia personal.

El ritual masónico ha sido objeto de diversas interpretaciones, y algunos estudiosos sugieren que contiene frases, analogías y símbolos que remiten a antiguas enseñanzas misféricas. Aunque muchos masones contemporáneos no perciben estas referencias, los textos más antiguos de la orden están cargados de alusiones esotéricas que sugieren una comprensión más profunda del ceremonial. El estudio de estos símbolos y alegorías permite desvelar los misterios ocultos tras los rituales de Grado.

El ritual masónico puede dividirse en tres dimensiones: física, mental y espiritual. Estas dimensiones se superponen en los tres grados de la masonería: el primer Grado aborda lo físico, simbolizando el nacimiento; el segundo Grado se centra en el desarrollo intelectual y moral, representando el aprendizaje y crecimiento; y el tercer Grado se enfoca en lo espiritual, evocando la muerte y el renacimiento.

Cada uno de estos grados contiene a su vez tres niveles de significación. La dimensión física está vinculada a las acciones rituales y los símbolos; la dimensión mental, a las lecciones morales e intelectuales; y la dimensión espiritual, a la enseñanza oculta que subyace en las ceremonias.

La masonería no ofrece una interpretación oficial de esta dimensión esotérica. Las logias no proporcionan textos canónicos que exploren estas enseñanzas profundas. Por tanto, la interpretación del significado espiritual del ritual depende de cada individuo y de su experiencia personal dentro de la orden.

Uno de los indicios más claros de la existencia de un significado oculto en el ritual masónico es la frase que se pronuncia durante la iniciación: "un pobre candidato, en estado de oscuridad, solicitando humildemente ser admitido en los misterios y privilegios de la Antigua Masonería". La pregunta subyacente es: ¿cuáles son esos misterios y qué simbolizan realmente?

La enseñanza masónica está "velada en alegorías e ilustrada por símbolos", lo que implica la existencia de capas de significación. Una alegoría es una narración que tiene un significado más profundo que el evidente, y un símbolo es algo que representa otra cosa. Estas indicaciones sugieren la presencia de un conocimiento oculto tras el ritual.

El ritual masónico contiene referencias a tradiciones filosóficas antiguas, como las de los egipcios, que también utilizaban símbolos y figuras para ocultar sus enseñanzas espirituales. De este modo, el ritual masónico parece seguir la tradición de los Misterios Antiguos, preservando enseñanzas espirituales y esotéricas a través de su simbolismo y alegorías.

Los rituales masónicos y su estructura simbólica son comparables a otras tradiciones de Sabiduría Antigua, incluyendo el Hermetismo, la Cábala, el Rosacrucismo, el Sufismo, el Misticismo cristiano, el Budismo y la Teosofía. Todas estas tradiciones comparten un enfoque en los Misterios y la transmisión de conocimientos espirituales a través de múltiples capas de significado.

La masonería se presenta así como un camino espiritual cuyo objetivo es ayudar al individuo a encontrar respuestas a las preguntas más trascendentales de la vida: "¿Por qué estoy aquí?", "¿De dónde vengo?", "¿Cuál es mi propósito?". Los símbolos masónicos se utilizan para guiar al iniciado hacia una comprensión más profunda de sí mismo y del universo.

El Aprendiz

Tras haber presentado pruebas del significado esotérico en los rituales de los tres grados, se procederá a un análisis del Primer Grado, a la luz de este conocimiento.

El ritual del Primer Grado simboliza la búsqueda de la verdad espiritual. En el ritual, el candidato es presentado "en oscuridad", lo que simboliza la ignorancia inicial del individuo antes de su iniciación en la masonería. Este estado de oscuridad representa también la búsqueda de una verdad más profunda que subyace a la existencia terrenal.

El candidato debe estar "debidamente preparado", lo que significa que la búsqueda de la iluminación espiritual debe comenzar en el corazón del individuo. En muchas tradiciones iniciáticas, este estado de preparación es un prerrequisito esencial para el proceso de iniciación, ya que solo cuando el candidato está dispuesto a buscar la verdad, puede comenzar el proceso de transformación espiritual.

El Primer Grado está estructurado en dos partes, que corresponden a los Misterios Antiguos. Cada una de estas partes tiene múltiples niveles de significado, y el número siete, utilizado en varios actos rituales, posee una relevancia simbólica en numerosos sistemas mistéricos.

En esta etapa del ritual, la logia masónica se interpreta simbólicamente como una representación del propio ser interior del iniciado. Los rituales proporcionan una estructura que puede ser utilizada para la construcción del templo espiritual interior, guiando al iniciado hacia el desarrollo de la conciencia espiritual y el autoconocimiento.

El ritual del Primer Grado revela entonces   una enseñanza simbólica que va más allá de lo superficial, representando el primer paso en el camino hacia una comprensión más profunda de los misterios espirituales que la masonería tiene por ofrecer.

En el Umbral de la Logia

Ante la puerta de la logia, el hecho de que el candidato se despoje de su vestimenta mundana antes de la Ceremonia y se quite todos los objetos metálicos simboliza no solo la igualdad, sino también la necesidad de dejar atrás los adornos del mundo exterior y revestirse de una nueva actitud de humildad y pobreza, tanto material como espiritual.

Una de las preguntas que se formulan al candidato es si el Ser Supremo ha revelado su voluntad al hombre. Los estudiantes de las escuelas mistéricas comprenderán el significado de esta cuestión: que la voluntad del Creador es únicamente la evolución del ser humano. Los humanos provienen del reino Divino, pero han descendido a la materia, y ahora se les exige que regresen a lo Divino. Todos los grandes Avatares y Maestros, incluyendo a Cristo, han enseñado este principio. El candidato está a punto de adentrarse en ese camino.

Desde "una habitación conveniente", el Candidato es conducido a la puerta de la Logia, pero encuentra que está cerrada. El Diácono llama para entrar, pero el Candidato, al pasar del mundo exterior al interior, se topa con que la puerta de la Logia le impide el paso. Esto simboliza su deseo de adentrarse en esta nueva vida, pero no puede hacerlo sin una guía. En algunas Logias, es el propio candidato quien debe dar los tres golpes, lo cual resulta mucho más significativo, ya que simboliza que es el propio candidato quien busca la admisión. No obstante, parte de este simbolismo se ha conservado, como cuando se hace que el candidato golpee con el puño en los puestos de los Vigilantes.

La puerta de la Logia representa un obstáculo simbólico de un elemento obstructivo dentro del propio individuo: sus hábitos pasados, prejuicios e ideas preconcebidas. El Candidato debe reconocer que cualquier oposición a su propio avance espiritual debe ser superada: primero, buscando la entrada con una nueva actitud de humildad; y segundo, con cierta ayuda y orientación. Los viejos hábitos constituyen obstáculos para encontrar la luz.

Además, el candidato no puede entrar sin el permiso del Maestro. El Maestro representa el Principio Maestro del individuo, un concepto sobre el que se profundizará más adelante.

Adentrándose en el Templo

Una vez admitido en la logia, el candidato es recibido en la punta de un instrumento afilado (cuyo simbolismo se tratará posteriormente). Luego, arrodillado, se le pregunta en qué deposita su confianza en circunstancias de "dificultad y peligro". Cabe preguntarse cuáles son las dificultades y los peligros a los que se enfrenta. Un Candidato a la Iniciación en los secretos y misterios debe poseer confianza en las Leyes del Gran Arquitecto... de lo contrario, existen graves riesgos de fracaso espiritual para una persona no apta que "corre precipitadamente" hacia experiencias para las que no está preparada.

A continuación, se realiza una invocación al Supremo Gobernador del Universo, con el candidato arrodillado, que contiene una frase importante: "... asistido por los secretos de este nuestro arte masónico, podrá estar mejor capacitado para desplegar las bellezas de la verdadera piedad...". Esta es una indicación del comienzo de un viaje espiritual.

El Candidato se levanta entonces desde una posición de humildad y se le indica que siga a su "guía", que representa su guía interior o "esa vocecita" en la que puede confiar verdaderamente, "con firme pero humilde confianza". Esta es una enseñanza importante de los antiguos misterios. Nótese que la humildad es la actitud requerida para este viaje.

Como expresó Christian Bernard, Imperator de la Antigua Orden Mística de la Rosa Cruz: "Aprendamos a dejarnos llevar, a no dejarnos abrumar por las circunstancias y condiciones de este mundo. Recordemos constantemente que en el corazón de nosotros mismos, como en el corazón de todos los seres humanos, hay para siempre un guardián silencioso y vigilante: el Maestro interior."

Peregrinaje Simbólico

El viaje alrededor de la Logia es una representación simbólica de las andanzas a ciegas del Candidato por el mundo exterior, antes de su iniciación en el mundo interior. Al tener los ojos vendados, desconoce hacia dónde se dirige. También simboliza que se ha embarcado en una peregrinación espiritual para encontrar la Luz. La venda, que elimina las distracciones visuales del exterior, facilita que el candidato mire dentro de sí mismo.

Aunque todavía se halla en un estado de oscuridad, no está solo. Ahora es consciente de que le acompaña un guía iluminado. El significado es, como ya se ha indicado, que cada viajero en este camino tiene, dentro de sí mismo, su propia guía fiable invisible, su intuición o sexto sentido.

En el curso de su viaje simbólico, el candidato es conducido a cada Vigilante, sucesivamente, con una repetición de los golpes dados previamente a la puerta de la Logia. Estos representan no solo su reiterada petición de salir de un estado de oscuridad, sino también una prueba para superar sus propios obstáculos autocreados. También simboliza el despertar de otros aspectos de sí mismo, su psique y su intelecto, representados en este punto por los Vigilantes (se profundizará sobre lo que representan los Vigilantes más adelante).

Después de que ambos Vigilantes, la psique y el intelecto, se hayan asegurado de la aptitud del Candidato para avanzar hacia el Este, la fuente de luz, se le certifica como tal y se le presenta al Maestro, el principio maestro o espíritu, para la Iniciación. Pero, antes de que el Maestro lo acepte, el Candidato debe afirmar tres cosas:

1. Que busca la Luz voluntariamente, por sí mismo, y por ningún motivo indigno o material.

2. Que sus objetivos al buscarla son: el conocimiento para sí mismo y el deseo de que, en posesión de ese conocimiento, preste un servicio más amplio a la humanidad. Esto implica que la iluminación de la Iniciación no debe ser

solo para su beneficio privado, sino que debe adquirir relevancia para el bien general.

3. Que perseverará en el camino que se le va a revelar, lo que significa perseverancia a lo largo de su vida cotidiana con todo lo que la Ceremonia representa realmente: su crecimiento espiritual.

El Candidato ha completado su viaje alrededor de la Logia, que simbolizaba sus oscuras andanzas desde su nacimiento en este mundo. Durante su vida, ha pasado ciegamente por lugares y experiencias, a veces de oscuridad (el "Norte"), a veces de más o menos iluminación (el "Este", el "Sur" y el "Oeste"), pero totalmente ignorante de adónde iba, cuál era el propósito de su vida o si, en un momento dado, estaba cerca de su verdadera meta. Estos vagabundeos ciegos llegan ahora a su fin, y es guiado hacia el Este, que representa la fuente de luz en todos los misterios antiguos, como un "candidato debidamente preparado" para recibir la luz.

El altar y su Significado

El protocolo establece una aproximación ceremonial al altar mediante tres pasos específicos, caracterizados por distancias decrecientes: quince centímetros el inicial, doce el intermedio y nueve el final.

Esta secuencia particular forma parte integral de las directrices fundamentales que recibe el iniciado durante la ceremonia del primer grado masónico.

La presencia del número tres como elemento principal en este grado no es casual. Un análisis detallado del ritual revela múltiples manifestaciones de esta cifra en diversos aspectos del ceremonial. Este número representa el concepto de equilibrio universal, donde dos fuerzas opuestas encuentran su punto de reconciliación en un tercer elemento mediador.

La secuencia de medidas -quince, doce y nueve centímetros- revela una significativa relación matemática. Al dividir estas cantidades por tres, se obtienen los valores cinco, cuatro y tres, que constituyen los lados del célebre triángulo pitagórico, instrumento fundamental para la construcción de ángulos rectos. Esta configuración geométrica, aunque originalmente vinculada a la construcción física, trasciende su utilidad práctica para adquirir un profundo simbolismo especulativo.

Esta configuración geométrica, expresada mediante la fórmula $a^2=b^2+c^2$, alcanzó tal relevancia que se incorporó al corpus euclidiano como el cuadragésimo séptimo problema del primer libro.

Si bien esta relación matemática se asocia tradicionalmente con Pitágoras y su escuela mística de Croton, sus orígenes se remontan a las civilizaciones egipcia y mesopotámica, donde el sabio griego adquirió gran parte de su conocimiento esotérico. La Gran Pirámide misma incorpora en sus proporciones los factores 3, 4 y 5.

Este triángulo particular permite, además, determinar la proporción áurea o Phi, principio fundamental que se manifiesta tanto en la arquitectura como en los patrones de crecimiento orgánico, desde las espirales de las conchas marinas hasta la disposición de los pétalos florales.

La filosofía pitagórica postulaba que los secretos de la creación universal residían en las relaciones numéricas y las proporciones armónicas. R. A. Schwaller de Lubicz, en su obra "The Temple Of Man", documentó exhaustivamente cómo la civilización egipcia incorporaba deliberadamente estas proporciones en sus expresiones artísticas y arquitectónicas, estableciendo una base numérica para su mitología. John Anthony West, en "Serpent In The Sky", evidencia cómo el misticismo numérico pitagórico deriva directamente de estas concepciones egipcias. Plutarco, en el quinto volumen de Moralia, establece una correlación entre los elementos del triángulo 3-4-5 y la tríada divina egipcia: el montante vertical con Osiris, la base horizontal con Isis, y la hipotenusa con Horus.

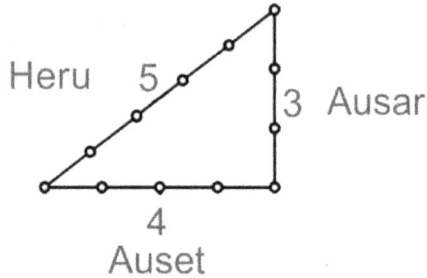

Ausar	Auset	Heru
3	4 (2x2)	5
Impar	Par	Nacimiento y
Masculino	Femenino	Cosecha
Perpendicular	Base	Hipotenusa

Esta configuración triangular refleja principios fundamentales: el elemento vertical representa el principio paterno o origen, el horizontal simboliza el principio materno o receptor, y la hipotenusa manifiesta el principio filial o resultado. Esta estructura encuentra resonancia en las enseñanzas rosacruces sobre la Ley del Triángulo, donde la interacción de dos factores genera inevitablemente un tercero.

Alquímia y el Triángulo Sagrado

En el ámbito de la alquimia, el triángulo ha sido empleado como un símbolo poderoso para representar la Primera Materia, una sustancia primordial que se cree impregna todo lo existente. Este triángulo sagrado está compuesto por tres elementos fundamentales que encarnan las fuerzas vitales y los principios básicos de la creación.

La línea vertical del triángulo alquímico simboliza los tres principios vitales, que son representados por la sal, el azufre y el mercurio. Estos elementos no se refieren a las sustancias químicas comunes que conocemos hoy en día, sino que son conceptos filosóficos profundos que los alquimistas utilizaban para describir las fuerzas primarias que animan el universo. Según las enseñanzas alquímicas, estos tres principios vitales están presentes en todas las cosas, desde los objetos inanimados hasta los seres vivos más complejos.

La base del triángulo, por su parte, representa los cuatro elementos clásicos: fuego, agua, aire y tierra. Estos elementos, que tienen sus raíces en las filosofías antiguas de civilizaciones como la griega y la china, se consideraban los bloques de construcción fundamentales de toda la materia. Los alquimistas creían que la interacción y la transformación de estos cuatro elementos daban lugar a la diversidad del mundo físico que nos rodea. Cada elemento tenía sus propias cualidades y características únicas, y su equilibrio y armonía eran esenciales para el funcionamiento adecuado del universo.

La hipotenusa del triángulo alquímico simboliza las cinco etapas del desarrollo de la vida, que abarcan desde lo inanimado hasta lo espiritual. Estas etapas son: mineral, vegetal, animal, humana y de los Iluminados. Según la visión alquímica, todas las formas de vida evolucionan a través de estos niveles, comenzando desde la materia inerte y ascendiendo gradualmente hacia estados más elevados de conciencia y realización espiritual. Este concepto refleja la creencia de que existe una conexión intrínseca entre todas las formas de vida y que hay un propósito superior en el proceso evolutivo.

Los Tres Elementos Vitales

Entre los tres principios vitales representados en el triángulo alquímico, cada uno tiene un significado simbólico profundo. La sal, en particular, representa el equilibrio y la simetría. Este principio encarna el antiguo adagio hermético "Como es arriba, es abajo", que sugiere que existe una correspondencia entre el macrocosmos (el universo) y el microcosmos (el ser humano). La sal, en este contexto, simboliza la armonía y la unidad subyacentes que conectan todas las cosas, desde lo infinitamente grande hasta lo infinitesimalmente pequeño.

El azufre, otro de los tres principios vitales, está relacionado con la autoconciencia y la individualidad. Representa la chispa divina que reside en cada ser, el impulso innato hacia la autorrealización y el despertar espiritual. En la tradición alquímica, el azufre se asocia con el fuego y la energía transformadora que impulsa el crecimiento y la evolución. Es el principio activo que permite a los seres trascender sus limitaciones y alcanzar estados superiores de conciencia.

Por último, el mercurio simboliza la conciencia superior y se considera la primera emanación de la fuente Única del ser. Este principio representa la sabiduría divina y la iluminación espiritual. En la alquimia, el mercurio se asocia con la fluidez, la adaptabilidad y la capacidad de trascender las dualidades aparentes. Se cree que es el puente que conecta lo físico con lo espiritual, permitiendo a los iniciados acceder a realidades más elevadas y comprender los misterios más profundos de la existencia.

La interacción y el equilibrio entre estos tres principios vitales - sal, azufre y mercurio - se consideraban fundamentales para el proceso alquímico de transformación y perfeccionamiento. Los alquimistas buscaban comprender y dominar estos principios para alcanzar la transmutación no solo de la materia, sino también de su propio ser interior. A través de prácticas espirituales, meditativas y experimentales, los alquimistas aspiraban a armonizar estos principios dentro de sí mismos y así lograr la iluminación y la unión con lo divino.

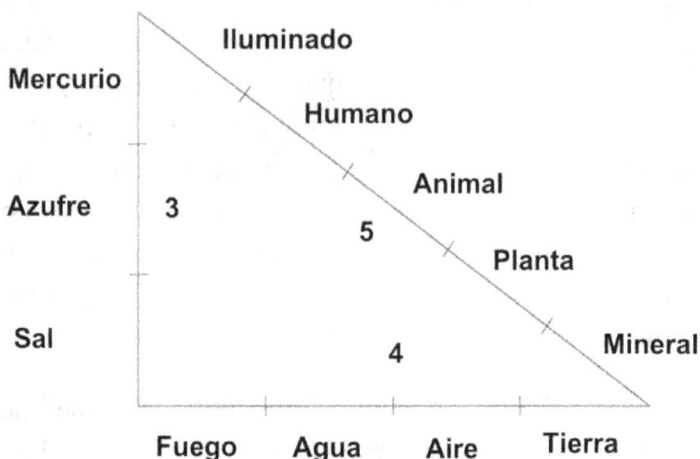

Los Cuatro Elementos Primordiales

Los cuatro elementos fundamentales: fuego, agua, aire y tierra, representan los componentes esenciales de toda manifestación física y engloban la totalidad de la materia existente en el universo. En paralelo, las cinco etapas del desarrollo de la vida simbolizan el proceso evolutivo hacia la iluminación y el retorno al Uno primordial.

El principio alquímico y espiritual aquí expuesto se basa en la idea de que el espíritu, a través de sus vibraciones, se manifiesta en la materia. Este concepto se refuerza mediante el simbolismo del delantal masónico: su solapa triangular encarna el descenso del espíritu hacia la materia, representada por la base cuadrada. Además, el delantal incluye referencias numéricas al 3, 4 y 5: el triángulo con sus tres vértices, el cuadrado con cuatro lados, y el delantal en su totalidad, que presenta cinco esquinas al levantarse la solapa.

Cuando en el Grado de Aprendiz se observan tres pasos hacia el altar, se hace referencia a este conocimiento ancestral: la evolución del espíritu que se manifiesta en los cuatro elementos, dando lugar a la vida en los cinco niveles: mineral, vegetal, animal, humano y, finalmente, la iluminación, alcanzada a través del desarrollo de tres niveles de conciencia.

El triángulo simbólico se interpreta de la siguiente manera: su base representa el aspecto físico del ser humano, la línea vertical simboliza la faceta mental o intelectual, y la hipotenusa encarna el lado espiritual. Estos pasos se dirigen hacia el Oriente, una referencia tradicional que simboliza el origen de la luz en las enseñanzas místicas.

El Altar y Su Significado

La Obligación se realiza ante el Altar, en presencia de las Tres Grandes Luces de la Masonería: el Volumen de la Ley Sagrada, la Escuadra y los Compases. El Altar, al contener el Volumen de la Ley Sagrada, es considerado un espacio sagrado, tanto en su estructura física como en el área circundante.

El Volumen de la Ley Sagrada puede coincidir con un texto sagrado relevante para el Candidato, como el Antiguo Testamento, el Corán u otro texto de profundo significado. No obstante, su simbolismo va más allá del literalismo, ya que representa la Ley Cósmica o Natural, que rige el universo como manifestación del Creador. Esta ley es el fundamento de toda existencia, según las enseñanzas de los antiguos misterios.

Sobre el Volumen de la Ley Sagrada se colocan la Escuadra y los Compases. Estos elementos poseen significados profundos: los Compases simbolizan el Principio Divino, mientras que la Escuadra, aunque opuesta, está unida a ellos y representa la materia cósmica donde dicho principio toma forma. Las puntas de los Compases, ocultas bajo la Escuadra en este grado, sugieren que el espíritu del candidato está limitado temporalmente por las inclinaciones materiales de su cuerpo.

En conjunto, las Tres Grandes Luces revelan el propósito cósmico: el Espíritu y la Materia trabajando en armonía bajo la Ley Cósmica para crear un universo perfecto, habitado por seres que buscan la perfección. Este simbolismo expresa el principio hermético de correspondencia: "Como es arriba, es abajo; como es abajo, es arriba", aludiendo a la relación entre el macrocosmos universal y el microcosmos individual.

Preparación Para El Juramento

En la preparación del Candidato, se descubren el brazo derecho, el pecho izquierdo, la rodilla izquierda y el talón derecho, cada uno con un simbolismo particular. El pecho descubierto permite recibir el instrumento afilado y simboliza la apertura del corazón al buscar acceso a los secretos y misterios. La postura del Candidato, arrodillado sobre su rodilla izquierda desnuda, con el pie derecho descalzo y el brazo derecho cubriendo el Volumen de la Ley Sagrada, establece un contacto directo con el área sagrada mientras se pronuncia el juramento.

En el Grado de Aprendiz, se hace referencia al Libro de Rut, capítulo IV, versículo 7, que describe una antigua costumbre israelita relacionada con el rescate y el intercambio, donde se quita un zapato como testimonio. Esta tradición también aparece en la historia de Rut, donde Booz asume el papel de protector, estableciendo un vínculo simbólico con figuras mencionadas en el grado, como el rey Salomón.

El Juramento Solemne

La Obligación implica que el Candidato prometa no revelar los secretos o misterios de la Masonería. La palabra "hele" es un término arcaico que significa "esconder". Los secretos a resguardar incluyen signos, señales y palabras comunicadas entre masones, y aunque pueden encontrarse en libros o en Internet, mantenerlos en reserva constituye una prueba del carácter y fidelidad del candidato.

Además, los Misterios, tradicionalmente, exigen un voto de silencio y discreción antes de compartir cualquier información reservada. Este silencio no solo protege a la Fraternidad, sino que es también en beneficio del propio individuo, quien aprenderá el valor del silencio y el peligro de hablar imprudentemente. La pena de la Obligación refleja esta advertencia, ya que los conocimientos esotéricos pueden ser malentendidos o malinterpretados por aquellos que no están familiarizados con ellos. Las órdenes esotéricas suelen interrumpir la comunicación con quienes rompen este silencio, lo que simboliza la cláusula penal.

Despertar a la Luz

Tras la Obligación, el candidato es recordado de su estado de oscuridad previo, no solo en los minutos durante los que estuvo vendado, sino también en su existencia mortal hasta ese momento. La ceremonia dramatiza esta entrada del ser humano en la vida, con la orden del Maestro "Hágase la Luz" simbolizando el despertar de la conciencia espiritual.

El sonido de la palmada que todos los miembros de la Logia emiten al restaurar la luz es una señal para que el candidato despierte a una nueva conciencia. Se considera que la Logia representa al propio ser, y el Maestro simboliza el principio rector dentro de cada individuo. Este momento marca el inicio de un despertar espiritual, donde el candidato comienza a percibir un cambio interno, un desplazamiento de la conciencia desde un nivel inferior a uno superior, experimentando el desarrollo de una conciencia más profunda.

La Masonería, a lo largo de los siglos, ha sido custodia de una profunda sabiduría esotérica que se refleja en sus símbolos, rituales y enseñanzas. Entre los símbolos más venerados se encuentran las Tres Grandes Luces de la Masonería: el Volumen de la Ley Sagrada (V.L.S.), la Escuadra y los Compases. Estos elementos no solo representan herramientas físicas, sino que encarnan principios cósmicos y espirituales que guían al individuo en su viaje de autoconocimiento y comprensión del universo.

El Volumen de la Ley Sagrada no debe interpretarse únicamente como un texto religioso específico, sino más bien como un símbolo de la Ley Cósmica Universal. Esta ley es la manifestación del Gran Arquitecto del Universo, una fuerza creadora y ordenadora que impregna toda la existencia. En las antiguas enseñanzas esotéricas, esta ley se conoce como la Ley Natural o Ley Universal, fundamentada en los Principios Herméticos. Estos principios, transmitidos a través de generaciones, revelan las verdades esenciales sobre la naturaleza del cosmos y la condición humana.

Hermetismo y Masonería

Los Principios Herméticos, originarios de las enseñanzas atribuidas a Hermes Trismegisto, ofrecen una base filosófica que complementa y enriquece la simbología masónica. A continuación, se explora cada principio en profundidad, estableciendo conexiones con los valores y enseñanzas de la Masonería.

1. El Principio del Mentalismo (Ley del Pensamiento)

"El Todo es Mente; el Universo es mental."

Este principio postula que la realidad última es de naturaleza mental; el universo es una manifestación de una Mente Universal infinita y viviente. En el contexto masónico, esto se relaciona con la idea de que el pensamiento es el origen de toda creación. El Gran Arquitecto del Universo es concebido como esa Mente Suprema cuya imaginación y voluntad dieron forma a todo lo existente.

Para el masón, comprender el Mentalismo implica reconocer el poder creativo del pensamiento y la responsabilidad que conlleva. Así como el arquitecto concibe un edificio en su mente antes de materializarlo, el individuo debe ser consciente de que sus pensamientos moldean su realidad personal y contribuyen al tejido colectivo de la humanidad.

2. El Principio de Correspondencia

"Como es arriba, es abajo; como es abajo, es arriba."

Este principio revela una armonía entre los distintos planos de existencia: físico, mental y espiritual. Los patrones y leyes que operan en el universo macrocosmos se reflejan en el microcosmos humano. En la Masonería, este concepto se manifiesta en la práctica del simbolismo, donde objetos y herramientas físicas representan verdades espirituales más profundas.

La Escuadra y los Compases, por ejemplo, no son solo instrumentos de construcción, sino emblemas de la rectitud moral y la búsqueda de equilibrio entre las aspiraciones terrenales y las espirituales. Al entender la correspondencia, el masón aprende que al trabajar en su propia perfección, está contribuyendo al perfeccionamiento del universo entero.

3. El Principio de Vibración

"Nada está inmóvil; todo se mueve; todo vibra."

Este principio establece que todo en el universo está en constante movimiento, desde las más diminutas partículas hasta las galaxias más grandes. En términos masónicos, esto se relaciona con el concepto de que el crecimiento y el progreso son constantes y necesarios. La Masonería enfatiza la importancia de la educación continua y el desarrollo personal como medios para elevar la vibración individual y colectiva.

Además, este principio invita al masón a ser consciente de las energías que emite y recibe. Al cultivar pensamientos y acciones positivas, se sintoniza con vibraciones más elevadas, facilitando su conexión con lo divino y con sus semejantes.

4. El Principio de Polaridad

"Todo es doble; todo tiene dos polos; todo su par de opuestos."

La dualidad es una realidad inherente al universo: luz y oscuridad, calor y frío, amor y odio. Sin embargo, estos opuestos son en realidad extremos de la misma esencia, diferenciados solo por grados. En la Masonería, este principio enseña la importancia del equilibrio y la moderación. La Escuadra representa la rectitud y la justicia, guiando al masón a encontrar el punto medio entre los extremos.

Al reconocer la polaridad, el masón aprende a trascender las aparentes contradicciones y a encontrar la unidad subyacente en todas las cosas. Esto fomenta la tolerancia y la comprensión, fundamentales para la armonía dentro de la logia y en la sociedad en general.

5. El Principio de Ritmo

"Todo fluye y refluye; todo tiene sus períodos de avance y retroceso."

Este principio describe el movimiento pendular del universo, donde todo tiene ciclos y patrones de cambio. En la vida del masón, esto se refleja en las etapas de aprendizaje, desafíos y crecimiento. La comprensión del ritmo permite al individuo navegar las fluctuaciones de la vida con serenidad y confianza.

La Masonería enseña que, aunque haya épocas de oscuridad o dificultad, estas son transitorias y necesarias para el desarrollo personal. Al aceptar el ritmo natural de las cosas, el masón se alinea con el flujo universal y aprovecha cada fase como una oportunidad para avanzar en su camino iniciático.

6. El Principio de Causa y Efecto

"Toda causa tiene su efecto; todo efecto tiene su causa."

Nada ocurre por casualidad; cada acción tiene una reacción correspondiente. Este principio resalta la responsabilidad personal y la importancia de actuar con intención y conciencia. En la ética masónica, se enfatiza que las acciones del individuo no solo afectan su propia vida sino también la de quienes le rodean.

Al internalizar este principio, el masón se compromete a obrar con rectitud, sabiendo que sus decisiones tienen repercusiones. Este entendimiento promueve la justicia y la equidad, valores centrales en la filosofía masónica.

7. El Principio de Género

"El género está en todo; todo tiene sus principios masculino y femenino."

Este principio va más allá del género físico, refiriéndose a las energías y cualidades masculinas y femeninas presentes en todas las cosas. El principio masculino se asocia con la iniciativa, la acción y la lógica, mientras que el femenino representa la receptividad, la intuición y la creatividad.

En la Masonería, la integración de estas energías simboliza la armonía y la completitud. Los Compases pueden interpretarse como un símbolo del principio masculino, trazando límites y dirección, mientras que la Escuadra puede representar el principio femenino, proporcionando estructura y estabilidad. Juntos, estos instrumentos guían al masón en la construcción de su "templo interior", equilibrando razón y emoción, acción y contemplación.

Alquimia Interior

La Alquimia, a menudo asociada con la transmutación de metales comunes en oro, es en realidad una metáfora de la transformación interna. Los alquimistas buscaban la Piedra Filosofal, un símbolo de la perfección espiritual y la iluminación. En la Masonería, este proceso alquímico se refleja en el trabajo de pulir la piedra bruta para convertirla en una piedra cúbica, lista para ser colocada en el edificio del templo.

Este proceso implica la aplicación consciente de los Principios Herméticos en la vida diaria. Al hacerlo, el masón trabaja en la purificación de su carácter, la expansión de su conciencia y la realización de su máximo potencial.

Simbología de la Escuadra y los Compases

Los Compases, que descansan sobre el Volumen de la Ley Sagrada, simbolizan el principio divino que emana del Creador. Este principio tiene una manifestación tanto cósmica como individual, representando la naturaleza espiritual del ser humano. En las enseñanzas esotéricas, se considera que todo ser humano contiene una chispa de lo divino en su interior.

La Escuadra, por otro lado, representa la materia cósmica, en la que el principio divino toma forma física. Es el símbolo de la naturaleza material del ser humano.

Juntos, estos tres símbolos representan el propósito cósmico del universo: la colaboración entre el espíritu y la materia, guiados por la Ley Cósmica, para construir un universo perfecto. El objetivo final es la perfección del ser humano, que, al trabajar en su desarrollo espiritual, comienza un proceso de retorno al Creador.

Las Tres Luces

Las puntas de los Compases, que en ciertos grados están ocultas bajo la Escuadra, representan cómo el principio espiritual del individuo está inicialmente subordinado a las tendencias materiales. El camino hacia la perfección implica que el espíritu debe elevarse por encima de la materia, en un proceso de dominio sobre las inclinaciones físicas, de acuerdo con los antiguos misterios.

Las Tres Luces Menores de la Masonería (el Sol, la Luna y el Maestro) corresponden a las Tres Grandes Luces. El Sol simboliza la conciencia espiritual, la Luna representa las facultades intelectuales, y el Maestro encarna la fuerza de voluntad, el principio rector en el individuo. Estas luces indican que los tres principios cósmicos también están presentes en el ser humano. El universo es un macrocosmos, y el individuo es su microcosmos, conteniendo dentro de sí los mismos principios universales.

Los Secretos

Antes de que se revelen los secretos de un Grado, se advierte sobre ciertos peligros. Estos peligros están simbolizados por la espada y la soga. La espada representa los riesgos espirituales que surgen al emprender un camino espiritual sin la preparación adecuada, y la soga simboliza la muerte espiritual que puede ocurrir al apartarse de este camino tras haber tomado conciencia de él.

Los "secretos" de este Grado no son simples señales o palabras, sino emblemas de conceptos más profundos. Solo pueden ser comprendidos plenamente a través de la meditación y la experiencia personal. Son indicaciones para el progreso espiritual, no meras comunicaciones de información confidencial.

El signo penal del Grado tiene un significado místico relacionado con los centros energéticos del ser humano, como los chakras. En el Primer Grado, el signo penal está asociado con el Chakra de la Garganta, que se vincula con la comunicación.

Cuando se saluda al Maestro en la Logia, este gesto simboliza el respeto hacia el principio maestro dentro del propio ser, ya que el Maestro de la Logia representa simbólicamente ese principio divino en el individuo.

La Fuerza Simbólica y El Delantal

La "Palabra" que se otorga al Candidato en este Grado, que denota "Fuerza", se refiere a la energía necesaria para avanzar en el camino de autoperfeccionamiento. Esta fuerza es tanto física como mental y espiritual, y es esencial para superar los obstáculos en el camino del desarrollo personal.

El Delantal, un símbolo importante en la Masonería, está compuesto por un triángulo y un rectángulo, representando la naturaleza dual del ser humano: espiritual y material. El triángulo simboliza la espiritualidad, y el rectángulo, la materia. El Delantal de piel de cordero blanca es un emblema de pureza, necesario para progresar en el camino espiritual.

El Ángulo Noreste

El ángulo noreste posee un gran significado simbólico en el simbolismo masónico, representando el punto de encuentro entre la oscuridad y la luz. Este simbolismo se basa en la idea de que el sol nace en el Este, cruza el cielo hacia el Sur, dejando al Norte en sombras. El ángulo en cuestión refleja la condición en la que se encuentra un iniciado en este momento de su desarrollo. Desde esta posición, se encuentra en una encrucijada: puede avanzar hacia la luz en el Este o retroceder hacia la oscuridad en el Norte. Esta decisión representa una elección trascendental en el curso de su vida. Se le invita a considerarse una "piedra angular", como el fundamento sobre el cual se construirá una "superestructura". Esto no solo hace referencia a la edificación de su carácter, sino también a la creación de un Templo espiritual dentro de sí mismo.

Un aspecto fundamental relacionado con el ángulo noreste es el despertar de la conciencia hacia el deber de la caridad. En este contexto, la caridad trasciende la mera ayuda material a los menos favorecidos económicamente. Se trata también de un acto de compasión universal que abarca a toda la vida. El concepto enfatiza que la caridad es el cimiento de una vida superior y puede expresarse en múltiples niveles. El nivel más elevado de caridad se manifiesta en el amor y la compasión hacia todos los seres, reflejando así la divinidad y siendo un paso clave en el progreso espiritual.

El Tablero de Seguimiento

Es esencial comprender que la verdadera Logia, como se menciona en los rituales masónicos, no se refiere a un lugar físico, sino al propio ser del individuo. La "forma de la Logia" simboliza la naturaleza estructurada del ser humano, en términos de longitud, anchura, altura y profundidad, reflejando el cuerpo y el espíritu como "tierra santa" sobre la cual cada persona debe construir el altar de su vida espiritual.

El lado oeste de la Logia se asocia con la mente racional, orientada a lo material, mientras que el Este representa la espiritualidad humana. El Sur, ubicado entre ambos, simboliza el punto donde la comprensión racional y la intuición espiritual se encuentran, permitiendo que la intelectualidad alcance su apogeo o "meridiano". El Norte, por otro lado, es el ámbito de los sentidos físicos, la percepción más baja, y simboliza la oscuridad y la ignorancia. Es en este lugar donde comienza el viaje hacia la luz, un proceso de desarrollo espiritual.

La "profundidad de la Logia", que se extiende "desde la superficie de la tierra hasta su centro e incluso tan alto como los cielos", hace alusión a la diferencia entre la conciencia superficial, centrada en lo material, y el nivel de conciencia divina presente en el centro espiritual del ser humano. Este simbolismo indica que el potencial de expansión de la conciencia espiritual es infinito, siempre que se desarrollen plenamente las facultades espirituales.

La Logia está sostenida por tres grandes pilares: Sabiduría, Fuerza y Belleza. La sabiduría se adquiere mediante el perfeccionamiento de la percepción y la comprensión, lo que a su vez conduce a la fortaleza mental y la confianza, y finalmente al desarrollo de una belleza interior de espíritu y alma. Estos pilares también hacen referencia a enseñanzas cabalísticas que son abordadas en niveles más avanzados del ritual.

El "dosel celeste de diversos colores" que cubre la Logia simboliza la naturaleza etérea del ser humano, evocando las enseñanzas de la sabiduría antigua sobre los múltiples planos de existencia y la naturaleza multidimensional del ser humano.

Una "escalera mística de muchas vueltas o pentagramas" señala los numerosos caminos que existen para avanzar hacia la Luz espiritual. De estos caminos, el más importante es el del Amor caritativo, el cual abarca todos los demás y lleva a la conciencia divina. Esta escalera representa el camino iniciático y el progreso espiritual, donde cada escalón simboliza un avance hacia la iluminación.

El suelo ajedrezado de la Logia, compuesto de cuadrados blancos y negros, simboliza la dualidad inherente a la existencia y la naturaleza humana. Todo en el mundo material está compuesto por opuestos interdependientes: bien y mal, luz y oscuridad, alegría y tristeza, positivo y negativo. Esta dualidad genera tensión hasta que se reconoce que no son opuestos, sino que forman una unidad, ya que uno no puede existir sin el otro. El equilibrio entre estos elementos conduce a una paz trascendental, representada por el borde dentado que rodea el suelo. Este simbolismo de la dualidad se explica también en la sabiduría antigua a través del triángulo, donde los dos ángulos opuestos se unen en una tercera fuerza equilibradora. El borde dentado también alude a la Divina Providencia y su relación con el principio cósmico del mentalismo.

Apertura de la Logia y de la Mesa

Los siete oficiales presentes en la apertura de la Logia - tres principales, tres asistentes y el Tyler- simbolizan siete aspectos de la conciencia, tanto a nivel mental como espiritual, que interactúan y se coordinan para formar una "Logia perfecta". Cada oficial desempeña un papel simbólico en el ritual de apertura.

El golpe del martillo del Maestro para llamar la atención de la Logia, seguido por la respuesta de los Guardianes, representa la llamada del Maestro-Principio para que cada individuo preste atención y controle sus acciones. El Guardián Mayor simboliza la Psique, mientras que el Guardián Menor representa el Intelecto, conteniendo los impulsos de la naturaleza inferior.

El Diácono Mayor, que transmite mensajes del Maestro al Guardián Mayor, simboliza el vínculo entre el Espíritu y la

Psique. El Diácono Menor, por su parte, representa el enlace entre la Psique y la Mente.

El Tyler, que actúa como guardián externo, simboliza los sentidos externos y la conexión con el mundo exterior, protegiendo al individuo de influencias no deseadas. La Guardia Interior, a su vez, simboliza los sentidos internos y el vínculo entre la percepción externa y la mente, evaluando las influencias entrantes.

Estos siete oficiales también simbolizan la naturaleza séptuple del ser humano, una enseñanza presente en la sabiduría antigua que se explora más adelante en discusiones sobre la naturaleza del universo.

Este ritual de apertura debe verse como un símbolo del despertar de la conciencia y la preparación para recibir la Luz, invitando a cada asistente a que lo interprete como un recordatorio de la preparación interna necesaria para el avance espiritual.

El Grado de Compañero Masón

La Masonería, a través de sus tres grados principales, busca guiar al candidato en un proceso de desarrollo espiritual progresivo. Cada uno de estos grados está asociado con un aspecto específico del Gran Arquitecto del Universo y una etapa en la evolución del individuo. El primer grado, considerado el de "nacimiento", se enfoca en el despertar desde la oscuridad de la razón básica y el dominio del ser físico. El segundo grado, denominado el grado de "vida", aborda el control de la mente y la elevación intelectual. El tercer grado, llamado el grado de "muerte", trata sobre la comprensión de la naturaleza eterna de la vida y los principios espirituales que la sustentan.

Este sistema de grados establece una progresión a través de los niveles físico, mental y espiritual. Además, se puede considerar un cuarto grado, el de "Maestro Instalado", que representa la culminación en el dominio espiritual. Esta estructura permite que el candidato desarrolle las capacidades necesarias para avanzar de manera segura en su viaje interior.

Cada grado en la Masonería puede interpretarse en tres niveles diferentes: físico, mental y espiritual. El nivel físico abarca lo que se percibe y realiza durante las ceremonias, el nivel mental se centra en las enseñanzas morales e intelectuales, y el nivel espiritual se refiere a la interpretación esotérica más profunda. Mientras que los dos primeros niveles son ampliamente comprendidos por quienes estudian la Masonería, el nivel espiritual suele pasar desapercibido, salvo para aquellos que se adentran en el estudio del misticismo y las enseñanzas antiguas.

El aspecto espiritual es el tema principal de este análisis, destacando cómo los rituales masónicos informan al candidato sobre esta dimensión más profunda. Estas enseñanzas, relacionadas con antiguas tradiciones teosóficas, se centran en tres principios fundamentales: la unidad del Gran Arquitecto del Universo, la inmortalidad del alma y la búsqueda de la iluminación espiritual para facilitar el ascenso del alma.

El análisis del grado previo abordó lo que el candidato debía lograr en términos de comprensión y purificación espiritual. Se explicó que la logia y el templo son símbolos del propio ser del candidato, y los oficiales representan diversos aspectos de su naturaleza interna. Este análisis continuará explorando los misterios de la mente purificada y las verdades más ocultas de la naturaleza y la ciencia.

El Segundo Grado, en particular, se enfoca en el intelecto, ofreciendo al candidato la oportunidad de elevar su conciencia más allá de las pasiones básicas hacia una mayor comprensión intelectual. Aunque el ritual es menos dramático que en otros grados, es igualmente profundo en su capacidad para impulsar al candidato hacia la iluminación mental, un proceso que requiere reflexión y contemplación.

La ceremonia de este grado es conocida como un "paso", ya que marca una transición en la experiencia personal hacia un mayor nivel de autocomprensión y control. El candidato debe avanzar en su evolución interior, elevando su conciencia y explorando un nuevo nivel de su ser, donde la mente y el alma, entendidas aquí como equivalentes, actúan como una zona intermedia entre lo físico y lo espiritual.

Evaluación Previa al Ascenso

El examen preliminar en el Segundo Grado incluye una pregunta clave: "¿Cómo sabes que eres masón?", a lo que el candidato responde mencionando su iniciación regular, las pruebas repetidas y las aprobaciones obtenidas, así como su disposición a someterse a nuevos exámenes.

Esta pregunta tiene un significado profundo que va más allá de una respuesta mecánica. En los niveles mental y espiritual, se requiere una evaluación sincera para asegurar que la iniciación ha sido regular, lo que implica la adherencia a criterios internos de virtud, valor y pureza. Las "pruebas repetidas" refieren a un examen constante de estas cualidades, y las "aprobaciones" deben provenir de la conciencia superior del individuo, confirmando que se está en el camino correcto.

La disposición a someterse a pruebas adicionales, cuando sea necesario, es un requisito esencial para continuar avanzando en el camino espiritual. Estas pruebas, a menudo subestimadas, invitan a una introspección continua y al crecimiento espiritual en el viaje masónico.

Apertura de la Logia en Segundo Grado

La apertura de la logia en el Segundo Grado representa más que un simple cambio ritualístico. Implica un proceso de elevación mental por parte de todos los presentes, donde se busca trascender lo físico y adentrarse en el reino de la mente o el alma. Este ascenso mental simboliza un acceso a un plano más elevado, en contraste con el énfasis físico del Primer Grado.

En este contexto, el cuerpo físico se subordina a la mente o el alma, aunque el espíritu aún no ha adquirido pleno control sobre estos aspectos. Este equilibrio se refleja en el simbolismo de la escuadra y los compases, que representan la relación entre lo físico y lo espiritual. La Logia se declara "abierta en la Plaza", un símbolo que sugiere la adecuada relación entre cuerpo y mente, donde el aspecto físico permanece pasivo y las facultades superiores aspiran hacia lo alto.

Antes de esta apertura, cada miembro de la logia debe "probarse a sí mismo" como masón del grado, lo que implica demostrar que su energía física y mental está en la relación adecuada para el trabajo en cuestión. Sólo cuando todos los presentes estén alineados en esta condición, la Logia puede abrirse correctamente en la Escuadra.

Pasos previos y Peregrinación

Las peregrinaciones rituales dentro de la logia, que en el Primer Grado simbolizan el vagar en la oscuridad antes de encontrar la luz, en el Segundo Grado representan la búsqueda continua de la iluminación y el crecimiento espiritual. El candidato debe ver estas peregrinaciones como un reflejo del avance constante de su alma hacia la meta espiritual.

El Diácono que guía al candidato representa su conciencia iluminada, y los saludos al Maestro durante el ritual simbolizan el reconocimiento de los poderes espirituales superiores dentro de uno mismo. Las pruebas realizadas por los Guardianes deben entenderse como una evaluación de las cualificaciones espirituales del candidato, un examen necesario en el camino hacia el progreso espiritual.

Acercarse al altar

La Mente o Alma (representada por el Diácono Mayor) informa al Espíritu Divino (representado por el Venerable Maestro) que está lista para ser aprobada, pero, como en el grado anterior, se le indica que obtenga la asistencia del guía (o conciencia) para dirigirla a avanzar hacia el altar (o el centro) por los pasos adecuados. El Alma, por lo tanto, instruye a la inteligencia (el vínculo entre el espíritu y la mente, representado por el Diácono Mayor) para que guíe al Candidato en su avance.

Las peregrinaciones alrededor de la Logia visitan sucesivamente cada uno de sus cuatro lados. Pero ahora su movimiento llano hacia adelante termina, y se le indica que ascienda, en espiral, por un cierto número de escalones sinuosos. El movimiento se vuelve circular, y ahora avanza no sólo hacia adelante, sino hacia arriba y hacia dentro, hacia el centro.

Este cambio de movimiento, este ascenso en espiral, es el simbolismo más significativo de este grado.

Implica que ha llegado el momento en que el Candidato debe abandonar el nivel de lo físico y elevarse al nivel de lo mental. Debe desviar sus pensamientos y deseos de las cosas sensuales y concentrarlos en las cuestiones mucho más trascendentes del mundo de la mente. En la cima de esta escalera se encuentra la cámara central del templo (recordando lo que representa el templo). El candidato se acerca a su centro.

Desde el momento en que asciende por la escalera de caracol, el Candidato va dejando atrás, cada vez más, el mundo exterior y se eleva hacia un mundo interior invisible. Está realizando lo que se ha llamado en algunos grupos "la ascensión de la mente a la Fuente de Luz". Su trabajo, como Compañero, debe dedicarse ahora a aprender los secretos y misterios de estas nuevas regiones. Esta tarea exigirá toda la energía de su mente, pero su ejercicio apropiado creará nuevas facultades a medida que progrese, haciendo posible lo que inicialmente puede parecer más allá de su poder y habilidad.

Esta ascensión también se realiza hacia el Este (o fuente de Luz) mediante un recorrido de cinco escalones. La elección de cinco, ni más ni menos, se debe a que la naturaleza del hombre es resoluble en un espectro de siete principios distintos (que corresponden a los siete oficiales que forman una Logia), pero de estos siete, los dos más bajos quedan fuera en este Grado, y sólo se ocupan los cinco superiores. Los dos principios inferiores (que son físicos) son los sentidos y el impulso carnal, ambos deben ser trascendidos en este Grado, mientras que las facultades superiores, psíquicas y espirituales necesitan entrar en función, y es a cada una de ellas a la que se asigna un paso. La estrella de cinco puntas es un símbolo geométrico de los cinco principios superiores del hombre.

Puede surgir la pregunta de cómo se pueden disociar los cinco principios superiores de los dos inferiores, cuando todos parecen inseparables. Aprender a hacerlo es una de las principales lecciones de este Grado. Para obtener un verdadero conocimiento de uno mismo, es necesario aprender a distinguir entre el mundo de los sentidos y el mundo suprasensual, y entre las cosas transitorias y las cosas duraderas. Esto se logra, hasta cierto punto, cuando los cuerpos están dormidos y la mente continúa funcionando vívidamente, como sucede a menudo en los sueños, y ciertamente será necesario hacerlo cuando, al morir, los sentidos externos y la razón desaparezcan por completo, dejando sólo los cinco principios superiores. Pero es importante aprender a hacerlo conscientemente, como enseña la Sabiduría Divina. Es función del Segundo Grado entrenar la mente, los principios superiores, para que funcionen conscientemente al margen de los sentidos. Este es un tema complejo que no puede ser tratado de manera simplista aquí. Se desarrollará brevemente más adelante en este libro, pero cada cual debe proseguir su propio estudio al respecto, a su manera, y el verdadero buscador pronto aprenderá por sí mismo los detalles y métodos para hacerlo. Aquí sólo se puede indicar a qué alude el ascenso por cinco peldaños, dejando a criterio de quienes deseen darlos el hacerlo. Algunos recursos recomendados como punto de partida son el libro "Cómo conocer los mundos superiores" de Rudolf Steiner y la última parte de este libro.

Juramento del Compañero

Durante la asunción de la obligación por parte del candidato, hay cinco casillas presentes. La posición en la que el candidato asume su obligación forma tres casillas, la que sostiene su brazo y la del V.L.S. son dos más, haciendo un total de cinco, correspondientes a los cinco sentidos.

La postura en el primer grado estaba relacionada con las cosas de la cabeza. En este grado, se ocupa de las del "corazón". La palabra "corazón" se utiliza aquí en sentido metafórico. El lado derecho y las extremidades del cuerpo se asocian con la cabeza, mientras que el izquierdo se vincula con el "corazón". En el Primer Grado, ciertas energías deben estar activas y otras pasivas. En el Segundo Grado, su relación se invierte. Cuando la mente, por ejemplo, está ocupada o llamada a concentrarse, los sentidos deben suprimirse, y viceversa. Esta es una de las razones por las que en los sucesivos Grados se despoja primero el lado derecho y luego el izquierdo del cuerpo.

En este grado, la razón y la intuición funcionan en unidad, y no pueden actuar por separado, ya que cualquiera de ellas por separado podría resultar engañosa. El Candidato tiene que entrenarse para disciplinar tanto su cabeza como su corazón; trabajar en la práctica de la virtud, especialmente aprendiendo a controlar su naturaleza sensorial, pero también a "estudiar para estar tranquilo" (como se ha explicado anteriormente), para vigilar y examinar las percepciones, pasiones e impulsos (ya sean buenos o malos) que vienen de dentro; y, sobre todo, para escuchar la "vocecita" que puede oírse en su corazón.

En el Primer Grado, la pena está relacionada con la cabeza. Se vio que la infidelidad, en forma de habla impropia, cortaba la voz espiritual interior. En el Segundo Grado, la pena se relaciona con el "corazón", que, si es infiel al propósito de este grado, puede quedar "desarraigado", como en la expresión "ese hombre no tiene corazón".

Hay razones psicofisiológicas para las referencias en las disposiciones penales. "Bestias del campo" y "aves rapaces del cielo" son términos escriturales para entidades e inteligencias que habitan el mundo, tanto físico como espiritual. Éstas encuentran presa fácil en los corazones no preparados y no cualificados. Esos peligros son reales, y la Obligación se refiere expresamente a ellos. El Ritual continúa diciendo "ahora se te permite extender tus investigaciones hacia los caminos más ocultos de la naturaleza y la ciencia". Hasta que uno no posea un alto grado de pureza, virtud y comprensión espiritual, tal investigación no está "permitida". Los principios teosóficos explican esto más detalladamente.

La relación alterada del S. y el C. implica que, hasta ahora, el principio espiritual latente del candidato (los compases) está empezando a emerger del letargo hacia la actividad y la conciencia, mientras que su personalidad y su ser sensorial físico (la escuadra) se subordinan correspondientemente.

Secretos Revelados

"Los secretos de cada grado deben mantenerse separados y distintos de los del primero", dice el Ritual. ¿En qué se diferencia el Segundo Grado del Primero? El secreto del Primer Grado tenía que ver con la cabeza, es decir, con el pensamiento práctico cotidiano y los deberes activos. Los del Segundo Grado son diferentes: son secretos del "corazón" o del alma; del lado afectuoso de la naturaleza humana, que es pasiva.

Respecto a la palabra: "S.......h". Es una palabra hebrea que significa, en español, "brotar". Representa al Candidato mismo en este momento. Como resultado de su trabajo en el Primer Grado y de las "pruebas y aprobaciones" a las que ha sido sometido, una nueva vida ha germinado en su interior. La espiga de maíz es un símbolo del propio crecimiento del alma del Candidato, alimentada por la caída sobre ella del Agua Viva de la Iluminación. Ya ha cambiado y ahora empieza a "brotar" espiritualmente; los aspectos interiores de su alma han empezado a reunirse de forma organizada y a manifestarse en sus pensamientos, su comportamiento, su habla y su carácter.

En los Rituales Egipcios, el Candidato, mientras sostenía una mazorca de maíz, afirmaba: "¡Soy un germen de eternidad!". Después de morir, se enterraban con ellos granos de maíz, como emblemas de inmortalidad. En los Misterios Eleusinos, en uno de los ritos secretos de iniciación, se presentaba una espiga de maíz al Candidato cuando se le revelaban los "misterios de Ceres", y era elevado a la conciencia de su propia inmortalidad. Hoy en día, algunas jurisdicciones masónicas obsequian al candidato con una espiga de maíz.

En la consagración de toda logia masónica, se esparcen granos de maíz por los cuatro cuartos de la logia. El tablero de seguimiento del Segundo Grado muestra maíz en crecimiento junto a un arroyo de agua, y espigas de maíz aparecen bordadas en oro en los cuellos de todos los oficiales de la Gran Logia como emblema de que "lo que una vez se sembró en ellos como grano desnudo, ha madurado por fin hasta convertirse en un fruto pleno y prolífico".

Se habla aquí de la espiga de maíz porque no es un emblema que deba tratarse como un adorno ceremonial casual. Es un símbolo destinado a ser utilizado personalmente, a ser pensado y meditado hasta que deja de ser un mero símbolo, y la verdad velada por él es absorbida en la conciencia como una semilla significativa de luz.

En esta etapa, se presenta al candidato el pilar derecho que se encontraba en el pórtico o entrada del Templo del Rey Salomón.

Pilares Simbólicos

En su iniciación, el candidato era presentado al pilar izquierdo que se encontraba en el pórtico o entrada del Templo del Rey Salomón, llamado Boaz. En este grado, se le informa del pilar derecho, Jachin. Estos dos pilares se ven en muchas imágenes y símbolos relacionados con la Francmasonería.

Muchas Logias exhiben un tablero calcado que los muestra. Muchas Logias también tienen réplicas de estos dos pilares de pie en la Logia. Se da mucha importancia a estos pilares en las ceremonias rituales, pero se explica muy poco sobre su importancia.

En la conferencia sobre el tablero de seguimiento en el primer grado, se habla al iniciado de los tres pilares que sostienen la masonería: Sabiduría, Fuerza y Belleza. Más adelante, se verá una correspondencia entre estos tres pilares y los pilares del Templo. Al abordar el simbolismo de los dos pilares del Templo, se descubrirá que en realidad hay un tercer pilar entre ellos. Este tercer pilar representa al candidato, y esto se explicará a medida que se trabaje con su significado.

Los pilares siempre han sido una característica destacada de todos los grandes sistemas religiosos y de la iniciación en los grandes misterios. Las entradas de las grandes catedrales suelen ser dos grandes torres que representan dos grandes pilares.

La presencia de pilares ha sido un componente esencial en la arquitectura religiosa y en las tradiciones iniciáticas a lo largo de la historia. En diversas culturas, los pilares se han utilizado para marcar el acceso a espacios sagrados, simbolizando una transición entre lo material y lo espiritual. Las catedrales, por ejemplo, suelen destacar por sus torres gemelas que flanquean las entradas principales, representando físicamente este simbolismo ancestral.

En las ceremonias de iniciación del antiguo Egipto, los aspirantes a la sabiduría espiritual cruzaban un umbral delimitado por dos columnas, un acto que simbolizaba el comienzo de su transformación interna. Esta práctica se reflejó también en otras culturas, como la griega, donde el santuario de Delfos empleaba pilares simbólicos en sus ritos iniciáticos. Estos elementos arquitectónicos marcaban el comienzo de un sendero hacia el desarrollo espiritual, exigiendo del iniciado un equilibrio constante en su avance.

En el simbolismo masónico, los pilares se distinguen por coronamientos específicos, representados a menudo como esferas que simbolizan los reinos terrestre y celestial. En las tradiciones más antiguas, estos coronamientos se concebían como receptáculos de agua y fuego, símbolos de la naturaleza material y la esencia divina del ser humano. Este simbolismo tiene eco en textos antiguos, como en el segundo libro de Esdras, donde el camino hacia la sabiduría se describe como un pasaje flanqueado por agua y fuego, elementos que simbolizan los retos del viaje espiritual.

La dualidad que representan los pilares abarca diversas dimensiones de la existencia humana: la energía divina en sus formas activa y pasiva, la interacción entre luz y oscuridad, la relación entre cuerpo y alma, la dinámica entre los principios masculino y femenino, la distinción entre el bien y el mal, y los ciclos naturales que rigen la vida, como los solsticios. En el pavimento de las logias masónicas, esta dualidad se refleja en un diseño que subraya la continua tensión entre la naturaleza terrenal y las aspiraciones espirituales. El iniciado debe aprender a equilibrar estas fuerzas opuestas para construir un templo interior fuerte, capaz de resistir las adversidades y tentaciones.

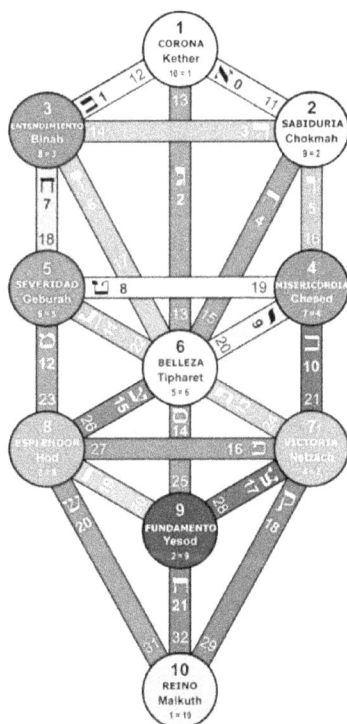

La tradición masónica, al igual que muchas otras tradiciones esotéricas, enseña que la unión de estos pilares simboliza la estabilidad esencial del ser. Este concepto de dualidad, presente en las enseñanzas numerológicas egipcias, pitagóricas y rosacruces, sugiere que de esta dualidad emerge inevitablemente un tercer elemento, completando así el principio trinitario.

Los dos pilares del Templo Masónico no son únicamente representaciones simbólicas del Templo de Salomón, sino que también se encuentran relacionados con el Sephiroth cabalístico, conocido como el Árbol de la Vida. Este es un símbolo utilizado en la Cábala, un antiguo sistema místico que busca explicar la relación entre una divinidad infinita y el universo finito. La Cábala describe rutas para el entendimiento y la perfección espiritual a través de sus enseñanzas.

El Sephiroth está compuesto por diez esferas dispuestas en tres columnas verticales. La columna de la derecha, llamada el pilar de la Misericordia, está relacionada con la Sabiduría. En contraste, la columna de la izquierda, conocida como el pilar de la Severidad o Juicio, se basa en el Entendimiento y la Fuerza. La columna central, denominada el pilar del Equilibrio, se enfoca en conceptos como la Gracia y la Belleza, funcionando como un punto de balance entre las otras dos columnas. Este pilar central representa la Corona, a través de la cual se manifiestan los poderes superiores en los diferentes planos del universo. De esta manera, se establece un vínculo entre los pilares masónicos y las virtudes de Sabiduría, Fuerza y Belleza.

La Cábala es un tema de gran complejidad, por lo que no será tratado en profundidad en este contexto. Para una comprensión más detallada de los pilares, se recomienda un estudio más exhaustivo de esta tradición mística.

En el contexto del Templo Masónico, los pilares simbolizan pares de opuestos. Cuando un iniciado se sitúa entre ellos, debe buscar el equilibrio y la armonía, los cuales son fundamentales para avanzar en su camino hacia la iluminación espiritual.

El Delantal del Compañero

El delantal masónico es otro símbolo importante. Su solapa triangular se asocia con lo espiritual, mientras que la parte rectangular representa lo físico. En algunas jurisdicciones, los aprendices llevan la solapa hacia arriba, mientras que, en grados superiores, se voltea hacia abajo para simbolizar que lo espiritual prevalece sobre lo físico. Las dos rosetas presentes en el delantal aluden a la dualidad del ser humano: lo físico y lo mental. Este símbolo alberga múltiples significados que se exploran en otras secciones.

Enseñanzas del Segundo Grado

La conferencia impartida por el Guardián Mayor en torno al Tablero de Seguimiento del segundo grado aborda los dos pilares simbólicos a través de los cuales se transitaba al ir y volver del culto divino. Estos pilares, conocidos como Misericordia y Severidad, reflejan una dualidad similar a la del pavimento ajedrezado. El Árbol de la Vida cabalístico también presenta un pilar central, el Equilibrio, que insta a mantener un balance en la vida, el trabajo y el progreso espiritual, conectando lo Divino con lo material.

La conferencia también ofrece una alegoría en relación con los salarios pagados en el Templo. Los Aprendices recibían alimentos simples (maíz, vino y aceite), mientras que los Compañeros recibían una compensación espiritual acorde a su nivel de evolución. En algunos rituales, como el americano, este salario espiritual se recibía en la Cámara Media, un símbolo de la cámara secreta del corazón, donde reside la Chispa Divina. En otros rituales, como el de Ontario, aunque no se menciona explícitamente, se insinúa esta espiritualidad elevada, representada en el ascenso por una escalera de caracol hacia el centro del templo.

La escalera de caracol simboliza el viaje hacia el interior del ser, una introspección profunda que conduce al encuentro con el yo verdadero en el centro de la naturaleza personal. Este ascenso es una metáfora de la búsqueda espiritual, en la que el individuo debe probarse a sí mismo, obteniendo lecciones del universo, ya sean de éxito o adversidad.

El atrio del Templo de Salomón, descrito en textos bíblicos, incluía una gran fuente de agua y un altar de fuego, elementos de purificación antes de entrar en el santuario más íntimo. De manera similar, la espada del Guardián en la Logia simboliza el peligro que enfrentan aquellos que no están debidamente preparados para acercarse al centro espiritual.

El uso de una contraseña en la Logia de Compañeros aseguraba que solo los cualificados pudieran ascender por la escalera de caracol. Esto simboliza que solo aquellos en un estado mental adecuado pueden acceder a niveles superiores de conciencia.

La "G" suspendida en el centro de la Logia guarda similitudes con el símbolo solar de Ra en los Misterios Egipcios y con la letra Eta en los Misterios Eleusinos de Delfos. Además, el número cinco, relacionado con los sentidos humanos, también se asocia al pentagrama y a las prácticas pitagóricas. En la masonería operativa, los compañeros trabajaban en grupos de cinco, y actualmente, una Logia de Compañeros se compone de cinco miembros. Este número tiene significados ocultos que se desarrollan en otras secciones.

El símbolo central en la Logia recuerda la presencia divina y la importancia de conectar con la Chispa Divina que reside en el interior de cada ser humano.

Cerrando la Logia

En la ceremonia de clausura del segundo grado, el Guardián Junior, representante del cuerpo físico, juega un papel principal. Esto es apropiado dado que este grado está estrechamente vinculado con el cuerpo y los sentidos. En el centro de cada individuo está el "Ojo que todo lo ve", que observa las acciones y pensamientos, registrando cada uno y determinando el destino personal, en un reflejo del "Libro del Juicio" de cada persona.

El primer grado masónico enseña a dominar la naturaleza sensorial y practicar la virtud. En el segundo grado, la atención se centra en la mente, que debe ser educada, disciplinada y controlada antes de que las verdades trascendentales puedan ser comprendidas. El candidato debe elevarse desde lo físico y preparar su mente para recibir una iluminación superior, que solo puede alcanzarse desde el centro de su ser.

El ritual del Segundo Grado tiene una relevancia vital en el progreso espiritual. Aquellos que lo estudian y practican pueden descubrir en él un profundo significado. Se espera que los guías espirituales transmitan esta relevancia a los candidatos.

Aunque solo se ha tocado la superficie de estos simbolismos, queda en manos de cada lector profundizar y descubrir más por su cuenta.

El Maestro: La Última Revelación

En The Master Mason's Handbook, J.S.M. Ward describe el tercer grado de la masonería como el "Grado Sublime", destacando que su título está plenamente justificado. Aunque su poder esotérico contiene algunas de las enseñanzas espirituales más profundas que pueden encontrarse, su impacto exotérico también es significativo. Este capítulo aborda este último aspecto, que suele pasar desapercibido en muchas logias.

El conocimiento esotérico profundo de la masonería no se discute ampliamente en la mayoría de las logias, ya que las autoridades de la Gran Logia no han desarrollado un sistema para explicar estos "secretos y misterios ocultos". Sin embargo, aquellos que han explorado este conocimiento de manera personal han sido capaces de satisfacer su búsqueda interna. Otros, en cambio, se mantienen alejados de este aspecto más profundo, lo cual es completamente válido, ya que el camino espiritual no es para todos.

Muchos masones suponen que la mera iniciación en la Orden permitirá al individuo comprender su verdadero valor. No obstante, debido al uso de alegorías y símbolos, la masonería es una ciencia críptica, accesible solo a aquellos que logran captar sus claves.

Los rituales masónicos, a través de sus simbolismos, apuntan hacia los antiguos misterios. Estos enseñan la Unidad del Creador, la inmortalidad del alma y su reencarnación, y la necesidad de que el individuo comprenda la conexión entre su alma y su espíritu para acercarse a la Fuente Divina.

Para aquellos que anhelan este conocimiento espiritual, la masonería ofrece señales y pistas que les permitirán profundizar en estos antiguos misterios. Sin embargo, es tarea del individuo buscar, descubrir y comprender estas enseñanzas.

Este análisis busca arrojar luz sobre los elementos esotéricos presentes en el tercer grado y, de ese modo, inspirar a otros a investigar lo que yace oculto tras el velo masónico.

En este grado, lo exotérico y lo esotérico están entrelazados de tal forma que resulta difícil separarlos. El estudio profundo del tercer grado revela una antigua sabiduría destinada a conducir a los masones hacia una búsqueda mística de aquello que fue perdido: la comprensión del Universo y del Gran Arquitecto del Universo, así como las respuestas a las grandes preguntas de la existencia.

Apertura del Tercer Grado

Durante la apertura de la logia en el Tercer Grado, el Maestro, que representa el principio maestro del individuo, se asegura de que la logia esté adecuadamente preparada. Esto simboliza la separación del mundo exterior y la disposición para alcanzar un nivel superior de conciencia. El Guardián Mayor, que simboliza el alma, sugiere que este estado se verifique en el segundo grado, recordando que el individuo ha ascendido a la cámara media del templo y ha descubierto el símbolo sagrado en el Centro.

A través de una serie de preguntas, el Maestro evalúa si el individuo ha alcanzado el estado espiritual necesario para controlar tanto el alma como el cuerpo, lo cual se representa simbólicamente mediante la escuadra y el compás.

El viaje del individuo desde el este hacia el oeste simboliza el recorrido espiritual desde el origen divino hacia el mundo material, en búsqueda de lo que se ha perdido. El ritual masónico sugiere que el individuo ha perdido su "conciencia espiritual" y, mediante el proceso masónico, espera recuperar el conocimiento necesario para reconectar con lo Divino.

El Maestro también plantea la pregunta sobre el lugar donde se espera encontrar los secretos genuinos. La respuesta es clara: en el centro. Esta afirmación simboliza la búsqueda interior del ser, un punto donde el individuo no puede errar, ya que está conectado con lo Divino.

El compás, que ayuda a trazar el círculo, representa el Espíritu, y el círculo mismo es un emblema de la Eternidad. El centro del círculo simboliza el Ser Supremo, y mientras el individuo mantenga su conexión con ese centro, no puede desviarse de su camino espiritual.

Al abrir la logia en el Centro, los golpes rituales simbolizan la unión del Espíritu y el Alma, trascendiendo la importancia del cuerpo físico. Este proceso refleja la verdadera iniciación masónica: la unión consciente entre el alma individual y el Espíritu Divino Universal.

Entrada al Recinto

El Iniciado es introducido al recinto sobre las puntas de los compases, un símbolo de gran significado. En primer lugar, el compás se coloca sobre su pecho, lo que simboliza que el Iniciado está sobre el Centro, es decir, en equilibrio consigo mismo. Además, los compases en este grado complementan el uso de la escuadra en el grado anterior, cuyo significado ha sido previamente explicado en detalle.

El recorrido del Iniciado comienza con tres viajes simbólicos alrededor de la Logia. El primer viaje, marcado con el saludo de un Aprendiz, representa que ha alcanzado una moral elevada y ha superado su carácter más básico. El segundo viaje, en el que se realiza el saludo de un Compañero de Logia, indica que ha obtenido lecciones de vida y ha desarrollado sus capacidades intelectuales. En el tercer viaje, se enfrenta a dos guardianes: el Guardián Junior, que representa el intelecto, y el Guardián Mayor, símbolo de la psique. Estos guardianes requieren pruebas de que el Iniciado está preparado. Según el ritual del Grado de Ontario, se otorga en su nombre una contraseña que aún desconoce, un momento clave que subraya la necesidad de recordar el significado profundo de la palabra. Sin embargo, el Iniciado no es consciente de que aún está cargado con posesiones mundanas, elementos que pueden obstruir su desarrollo espiritual. En esta fase, el Alma lo presenta al Espíritu, como alguien dispuesto a renunciar a su vida materialista y mundana.

Ante El Altar

Los pasos que conducen al altar se encuentran, de manera simbólica, sobre una tumba abierta. Este detalle sugiere al Iniciado que, al trascender la muerte, podrá seguir avanzando espiritualmente. El número de pasos hacia el altar refleja la conjunción de los tres principios fundamentales (cuerpo, alma y espíritu) con los cuatro elementos que representan la materia (tierra, aire, fuego y agua). Esta suma es crucial, ya que también simboliza la formación de una logia perfecta y los siete aspectos esenciales del ser humano, una interpretación que se puede profundizar a través de la sabiduría antigua (véase el capítulo sobre la verdadera naturaleza del Universo).

Además, la cláusula penal de la Obligación del Iniciado está relacionada con los cuatro elementos antiguos, una referencia clave en los Misterios Antiguos. La posición de la escuadra y los compases, tal como lo explicó el Maestro, también es significativa. En este punto, el Espíritu (simbolizado por los compases) domina el cuerpo (representado por la escuadra), lo que indica que el Espíritu ha entrado en la conciencia personal del masón. Esta integración permite al masón "trabajar con las dos puntas de los compases", completando así el círculo de su ser a través de una colaboración consciente con su yo superior. La conexión entre alma y espíritu es clave en este proceso, lo que puede entenderse mejor con conocimientos teosóficos.

La Prueba Suprema

La reflexión sobre los dos primeros grados ofrece varios mensajes profundos. Se enfatiza la importancia de mirar más allá de las instituciones civiles o religiosas y de no tomar las cosas de manera literal. La instrucción que se recibe es que se debe ir más allá de la superficie, buscando la verdad y la sabiduría. Esta lección nos enseña que, en esencia, todos los seres humanos comparten una misma fuente y destino, un principio teosófico de la Fraternidad Universal.

Otro aspecto esencial es el enfoque en las facultades intelectuales, cuyo desarrollo, según los antiguos Misterios, permite al ser humano trazarlas desde la ciencia celestial hasta el trono de Dios mismo. Cabe recordar la referencia del Guardián Junior en el primer grado sobre el origen oriental del conocimiento, que se relaciona con los "misterios ocultos de la naturaleza y de la ciencia". Este principio teosófico y rosacruz enseña que el conocimiento de las leyes ocultas de la naturaleza es esencial para la unión con lo Divino.

A medida que uno progresa, se adquiere una comprensión más profunda sobre cómo prepararse para la muerte, no solo en un sentido físico, sino también en un sentido espiritual. El Iniciado debe aprender sobre las leyes ocultas para poder trascender esta existencia material. Este mensaje es de vital importancia y se relaciona directamente con la sabiduría transmitida en los antiguos Misterios.

El relato de la muerte de Hiram Abif sirve como lección de prudencia, destacando que ningún aspecto del ser humano puede, por sí solo, realizar la naturaleza del Gran Arquitecto. Solo la colaboración entre cuerpo, mente y espíritu puede llevar al verdadero conocimiento. Además, esta enseñanza advierte sobre la impaciencia y la precipitación en la búsqueda del conocimiento supremo, enfatizando la importancia de la diligencia y la paciencia en el camino hacia la sabiduría.

La Muerte Simbólica

En el tercer grado del ritual de Ontario, se incluye una lectura del Eclesiastés 12 de la Biblia King James, tras el descanso del candidato:

Este pasaje, que aborda la inevitabilidad del envejecimiento y la muerte, puede resultar enigmático para algunos masones, pero su significado es profundo. Habla de cómo el cuerpo humano se descompone gradualmente, y el espíritu regresa a su creador. Esta reflexión sirve como un recordatorio de la importancia de enfocarse en el autoconocimiento durante la juventud, antes de que la vitalidad se desvanezca.

Este pasaje resalta que todos somos mortales y que la preparación para la muerte es un componente esencial del camino masónico.

Ascenso del Maestro

La representación de la muerte y resurrección del Maestro Hiram Abif simboliza un aspecto crucial del viaje masónico: la transformación espiritual que requiere el abandono del ego y las preocupaciones materiales. Este proceso de dejar atrás la vida materialista permite el acceso a un nivel más elevado de existencia, donde las verdades ocultas y misteriosas de la vida son reveladas. Se trata de una enseñanza que debe llevarse a cabo mediante una dedicación profunda al conocimiento de uno mismo, una tarea de gran dificultad según los antiguos Misterios.

El progreso espiritual no puede lograrse mediante el esfuerzo físico o intelectual exclusivamente, sino que requiere una integración consciente de los tres aspectos esenciales del ser humano: cuerpo, mente y espíritu. Esto se refleja en los cinco puntos de confraternidad, que enfatizan valores como el amor fraternal, el apoyo mutuo, la caridad, la confianza y el respeto.

La muerte simbólica del Iniciado representa una oportunidad para enfrentarse sin temor a la muerte física y al más allá, sabiendo que se ha alcanzado un estado de conocimiento y entendimiento superiores.

Secretos del Maestro Masón

Cada signo penal en los diferentes grados masónicos está relacionado con un centro de energía o chakra del cuerpo, según la tradición mística hindú. En el Primer Grado, el signo está asociado con el Chakra de la Garganta, que simboliza la comunicación. En el Segundo Grado, con el Chakra del Corazón, que está relacionado con la compasión y el amor. En el Tercer Grado, con el Chakra del Plexo Solar, que representa el control sobre la propia vida. Este enfoque en los chakras es un recordatorio de la importancia de mantener el control sobre las inclinaciones más bajas.

La contraseña en este grado simboliza la renuncia a las posesiones materiales, un recordatorio de que la obsesión con lo mundano puede estancar el progreso del alma. El significado de esta enseñanza se refuerza con la referencia bíblica: "Es más fácil que un camello pase por el ojo de una aguja que un rico entre en el reino de Dios".

Los secretos de este grado son temporales, hasta que las circunstancias personales de cada Iniciado le permitan descubrirlos por sí mismo. Este proceso de descubrimiento puede lograrse mediante la meditación profunda, una práctica que facilita la conexión con el Espíritu Divino.

El Delantal del Maestro

El delantal del Maestro Masón posee tres rosetas que representan rosas, un símbolo importante de los Rosacruces, que aluden al crecimiento espiritual. Estas rosetas están dispuestas en forma de triángulo, con un triángulo de fuego representando el espíritu y un triángulo de agua representando el alma. Ambos triángulos están contenidos dentro de un cuadrado, que simboliza la materia, lo que sugiere que el delantal representa la naturaleza triple del ser humano: cuerpo, alma y espíritu.

El broche del delantal incorpora una serpiente, símbolo tradicional de la Sabiduría Divina.

Leyenda de Hiram Abif

Después de que Hiram Abif fuera asesinado, hubo una confusión total en los recintos del Templo. Lo mismo ocurriría con nosotros mismos. Considerando el Templo como nuestro propio ser, si el "arquitecto" quedara indefenso, se produciría un gran caos si nuestras facultades dejaran de estar bajo el control de nuestro Principio Maestro.

Recordarás las tres Logias de Compañeros que fueron en busca de Hiram Abif. La primera "clase" no encontró nada de importancia, y representa el cuerpo físico, que es inútil más allá de la tumba. La siguiente "clase" descubrió el cuerpo y posteriormente regresó para levantarlo, y representa el Alma que se da cuenta de que la muerte no acaba con todo. Pero la tercera "clase" que encontró a los culpables (que posteriormente fueron sentenciados por sus crímenes), representa la facultad que nos dice lo que está bien y lo que está mal, la Chispa Divina dentro de nosotros: el Espíritu, y proporciona un mensaje de que los ofensores a nuestra conciencia deben ser erradicados ("sentenciados a esa muerte...").

Los secretos de un Maestro Masón, se nos dice en el ritual, solo pueden ser comunicados en presencia y con el consentimiento de tres. El significado ya dado es que los tres aspectos de nuestro ser deben estar desarrollados y dispuestos a recibir los secretos de nuestro ser inmortal, para reemplazar los temporales sustituidos (nuestra existencia mortal), como se describió anteriormente.

La mística ramita de acacia tiene tres significados aplicables a nosotros. El primero es: el símbolo de la Iniciación. La Acacia es también símbolo de Inocencia o pureza de vida. Esto proviene del significado de la palabra griega akakia. El tercero, y más importante, siendo el objeto de este grado, es el símbolo de la INMORTALIDAD DEL ALMA. Esto se remonta a muchas leyendas, como la de Osiris. La acacia pretende recordarnos, por su naturaleza siempre verde, esa parte mejor y espiritual que llevamos dentro y que nunca puede morir (el principio inmortal).

A Hiram Abif "se le ordenó ser enterrado en una tumba, desde el centro, tres pies al este, tres pies al oeste, tres pies entre el norte y el sur, y cinco o más pies perpendiculares". ¿Has pensado alguna vez en esta afirmación e intentado imaginarte exactamente dónde estaría esta posición? Intenta trazar un mapa en un papel. Verás que, como posición geográfica, no tiene sentido. ¿Cómo puede estar la tumba a un metro al este y a un metro al oeste? ¿Desde el centro de qué? Uno podría ver, en esto, un símbolo de la cruz. Sin embargo, la frase "desde el centro" nos da una pista sobre el verdadero significado. El lugar donde está enterrado Hiram Abif, y todo lo que él representa, está en el centro (¡nuestro centro!) Es en el centro, como se enseña en los antiguos misterios, donde encontraremos los auténticos secretos. Y, al ser enterrado tan cerca del Sanctum Sanctorum como la ley lo permite (y no en él) nos recuerda que esto es lo más cerca que podemos estar del Creador, en nuestro estado actual. Procedente de la sabiduría del Antiguo Egipto, la ruta del corazón a la lengua fue llamada, por los Rosacruces, el Sanctum Sanctorum.

La interpretación de los ornamentos de una Logia de Maestros Masones: "el Pórtico (la entrada del Templo), el Dormer (la ventana que permite la entrada de luz en el Sanctum Sanctorum), y el Pavimento Cuadrado (para que camine el Sumo Sacerdote)", no son difíciles de interpretar, y te lo dejo para que reflexiones.

Herramientas del Maestro

Las distintas jurisdicciones utilizan diferentes herramientas de trabajo en este Grado, pero hay una que parece ser común a la mayoría: el lápiz. El ritual dice: "el Lápiz nos enseña que todas nuestras palabras y acciones no solo son observadas, sino que quedan registradas". La mayoría de las religiones enseñan esto, como parte de su doctrina, para animar a la gente a hacer el Bien, ya que serán juzgados por sus acciones y recompensados o castigados, en la próxima vida, en consecuencia. Como dice el refrán, "cosecharás lo que siembres".

Los antiguos misterios tienen una enseñanza similar, la ley de causa y efecto. Sin embargo, advierte que el efecto puede aparecer en esta vida o en la otra. Se describe como la ley de la justicia absoluta, una ley imparcial de la Naturaleza a la que no se puede escapar. Se aplica a los actos, las palabras y los pensamientos. Los hindúes, budistas, rosacruces y teósofos lo llaman Karma, la Ley Universal de la Armonía. La Teosofía enseña que nuestras acciones moldean nuestro destino. Esta ley opera tanto si somos conscientes de ella como si no. Por nuestra ignorancia, nos atamos a nosotros mismos a través de acciones, sentimientos y pensamientos egoístas. Una de las lecciones que debemos aprender de esto es que solo podemos promover nuestra propia felicidad y satisfacción creando lo mismo en los demás.

Cierre de la Logia de los Maestros

El Maestro pregunta al Guardián Junior de dónde viene. El Junior Warden responde que ha venido del Oeste, donde ha estado buscando los auténticos secretos de un Maestro Masón.

El Maestro pregunta entonces al Guardián Mayor si su búsqueda ha tenido éxito. El Guardián Mayor indica que no, pero le informa de que han descubierto ciertos signos, señales y palabras que le gustaría comunicarle.

Más tarde, el Maestro confirma esos signos, señales y palabras y declara que designarán a todos los Maestros Masones del mundo hasta que el tiempo y las circunstancias restablezcan a los auténticos.

Aquí se nos recuerda que solo hemos obtenido secretos sustituidos, y se los ofrecemos al espíritu (WM). Estos son comunicados por el cuerpo (JW) al alma (SW), que los transmite al espíritu (WM). Una vez recibidos los sustitutos, el Espíritu (WM), confirma su uso hasta que los verdaderos son restaurados a través del tiempo y las circunstancias. Esto sugiere que la búsqueda no ha terminado sino que, en realidad, acaba de empezar, y el tiempo y las circunstancias dependerán de cada individuo.

Reflexiones Adicionales

La leyenda del Gran Maestro Hiram Abif es coherente con las enseñanzas y los ritos de las Antiguas Escuelas de Misterios, y los participantes en este rito se ven afectados por las fuerzas que constituyen el fundamento de la tradición iniciática humana. La iniciación en los Antiguos Misterios no era simplemente un medio para alcanzar el conocimiento intelectual. Aristóteles escribió que en realidad era la "experiencia", y no el conocimiento adquirido, lo que permitía al iniciado comprender el significado secreto de los misterios. Es importante recordar esto.

Esta experiencia iluminadora y transformadora se ha considerado generalmente como un renacimiento, y parece ser el tema principal de los rituales importantes de casi todas las Escuelas de Misterios Antiguas, así como de las organizaciones iniciáticas modernas. En Eleusis, este renacimiento se mostraba a través del simbolismo del descenso de Coré a los infiernos y su ascensión desde ellos. En los cultos de Adonis, Dioniso y Osiris, el rito principal destaca su muerte violenta y su renacimiento. En el cristianismo, la crucifixión de Cristo conduce a la redención de la humanidad. En la masonería, vivimos el asesinato de nuestro Gran Maestro Hiram Abif a manos de tres masones impacientes y sin cualificación, y el posterior levantamiento de su cadáver.

Todas las muertes violentas representadas por estas ceremonias parecen tener algo en común: simbolizan el vicio y la ignorancia y el inevitable asesinato del yo, haciendo así del renacimiento espiritual una necesidad para la "salvación".

Lo que está claro es que los rufianes de Fellowcraft no habían sido capaces de controlar su naturaleza inferior y se dejaron llevar por esas "pasiones" para cometer el vil acto. Como los "rufianes" se dejaron gobernar por sus pasiones, asesinaron en su interior las cualidades de un maestro. Nosotros, por lo tanto, necesitamos aprender a dominar nuestras pasiones para que el maestro dentro de cada uno de nosotros pueda elevarse. Debemos aprender que una de las lecciones de la leyenda de Hiram Abif es la de la fidelidad inquebrantable a la sagrada confianza de mantener la pureza de cuerpo, mente y espíritu.

En el ritual del Grado de Maestro Masón, el masón que es un diligente perseguidor del camino de la Luz recibe una clara guía del proceso de autodesarrollo espiritual que puede seguir a través de sus propios esfuerzos. Se le muestra un mapa para encontrar la verdad y descubrir los secretos y misterios ocultos de su propio ser (la Luz en el Centro).

En el ritual de Apertura, aprendimos que toda vida ha venido del "Este", es decir, del Gran Mundo del Espíritu Infinito, y ha viajado al "Oeste" o al Pequeño Mundo de la forma material finita, y cuando se ha perfeccionado mediante el esfuerzo y la experiencia, está destinada a regresar al "Este".

Según los antiguos misterios (o sabiduría divina), el espíritu soporta "repetidas pruebas y aprobaciones", lo que le permite, a través de múltiples iteraciones de la vida, la oportunidad de convertir el sillar tosco en el sillar perfecto.

Los pasos y métodos detallados requeridos para que los candidatos debidamente calificados se conecten con la Luz del centro, ya sea en los antiguos misterios o en los sistemas actuales, no pueden describirse aquí. Los secretos y misterios de la verdadera Iniciación no pueden ser comunicados completamente excepto en el curso del proceso sistemático mismo. La Masonería no los proporciona en absoluto, pero sí algunos sustituidos, que indican que existen otros más genuinos y que los Hermanos calificados llegarán a conocer cuando "el tiempo y las circunstancias" lo permitan. Para otros, permanecerán perdidos. Ese tiempo, y esas circunstancias, dependerán de los esfuerzos individuales en la búsqueda de la luz.

Para el masón que no se contenta con la pompa y la ceremonia del ritual formal, sino que busca profundidades más espirituales, que está decidido a buscar los secretos y misterios bien guardados y a vivir plenamente sus implicaciones, la masonería puede convertirse, como para algunos lo ha hecho, ¡en la experiencia más significativa de su vida!

Misticismo de los Números Pitagóricos

Cada una de nuestras ceremonias de grado hace referencia a los números a lo largo de los rituales. El número predominante en el primer grado es el Tres, el Cinco en el segundo y el Siete en el tercero.

Muchas antiguas escuelas de misterios consideraban que los números eran místicos. Veamos lo que enseñaban los antiguos egipcios.

Una parte del ritual del Primer Grado hace referencia al Sistema Pitagórico. Un aspecto de este sistema trata de las interpretaciones místicas de los números y su significado. El misticismo de los números existe en muchos de los misterios antiguos en diferentes formas y con muchas similitudes.

Es probable que Pitágoras aprendiera este sistema de los egipcios, entre los que estudió durante muchos años y fue iniciado en sus antiguos misterios. Parece que modificó ligeramente este sistema, ya que el sistema egipcio incorporaba la base numérica en muchos de sus mitos. Esto se debió probablemente a cuestiones culturales, pero carece de importancia para nosotros en la actualidad.

Este sistema es la filosofía subyacente a todas las artes y ciencias egipcias. Es interesante observar que el lenguaje moderno probablemente no tiene la capacidad de explicar la incorporación de la filosofía, las matemáticas, la arquitectura, la música, el misticismo y la teología en el sistema egipcio. Para los antiguos filósofos egipcios, sin embargo, era su forma de vida. "El número es todo", declaraban los pitagóricos.

La clasificación de los números en limitados/ilimitados; masculinos/femeninos; buenos/malos, etc., o llamar al cinco el número del amor, puede parecer extraña al principio hasta que consideramos el pensamiento que condujo a estos atributos. En este mundo moderno, la lógica y la razón lo dirigen todo. Y, sin embargo, nuestros sentidos nos proporcionan información que no siempre está relacionada con la razón: hay reinos a los que la razón no tiene acceso, y esto incluye los caminos de las tradiciones iniciáticas.

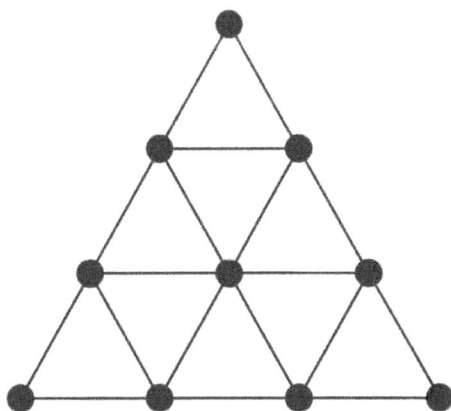

Tetractys

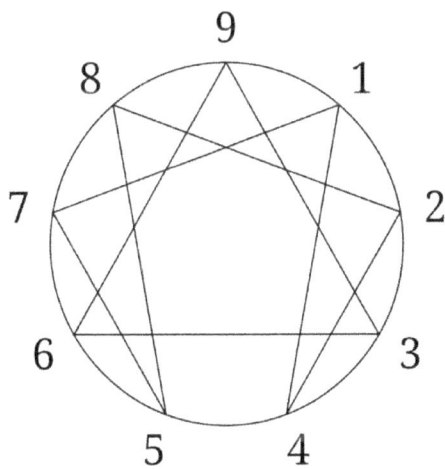

Eneagrama

Los Números

Al abordar los números en la Enéada, es importante considerar su representación simbólica a través de la Tetractys y el Eneagrama. En este contexto, los números no deben entenderse como cantidades matemáticas simples, sino como principios y funciones que son fundamentales para la creación y el mantenimiento del universo.

Uno

El número uno representa lo absoluto y la unidad primordial, conocida también como la Escisión Primordial. Este concepto trasciende las capacidades humanas de comprensión, pues se refiere a una unidad indivisible e insondable. Es desde este punto inicial, que es uno y lo es todo, que la multiplicidad se manifiesta.

La energía no polarizada, al tomar conciencia de su existencia, se convierte en energía polarizada. Es un proceso inherente a la creación del universo. En muchas tradiciones esotéricas, el uno está asociado simbólicamente con el Gran Arquitecto del Universo (GAOTU) y está representado por el punto dentro del círculo, que simboliza tanto el origen como la totalidad del ser.

Dos

El proceso de creación continúa con el paso del uno al dos, aunque no se trata de una suma lineal, ya que metafísicamente solo existe un Uno. El número dos expresa la polarización y la dualidad, que son principios esenciales en todos los fenómenos. Este número simboliza la tensión entre opuestos fundamentales, como lo positivo y lo negativo, lo masculino y lo femenino, o lo activo y lo pasivo.

Esta polaridad está presente en todos los aspectos de la existencia y genera una tensión dinámica entre fuerzas opuestas que nunca alcanzan una reconciliación definitiva. En las logias, el número dos está simbolizado por el pavimento a cuadros, que representa visualmente el equilibrio y la tensión entre estos principios duales.

Tres

El número tres surge cuando se establece una relación entre las dos fuerzas opuestas del número dos. Esto genera una tercera fuerza, conocida como el principio reconciliador. Así, el uno, al convertirse en dos, simultáneamente se convierte en tres. Esta tercera fuerza es el "devenir", una fuerza innata que actúa como mediadora entre los extremos de la polaridad.

Un ejemplo claro de este principio puede encontrarse en las relaciones humanas: la existencia de un hombre y una mujer no es suficiente para formar una relación. Debe haber un factor adicional, como el amor o el deseo, para que la relación surja. De manera similar, en una reacción química entre hidrógeno y cloro, no basta con la presencia de ambos elementos; debe existir una afinidad que permita la creación de un compuesto.

El número tres tiene un papel crucial en las tradiciones espirituales y mitológicas, donde las trinidades son un concepto recurrente. A través del estudio profundo de este número, es posible alcanzar una comprensión más elevada y reconciliar las contradicciones aparentes de la existencia. En las logias, el tres está representado en diversas formas, tales como el Sol, la Luna y el Maestro, o los tres oficiales principales.

Cuatro

El número cuatro está asociado con la materia o sustancia, es decir, con lo tangible. Mientras que el dos representa la tensión y el tres la relación, el cuatro introduce el concepto de sustancia. No basta con la simple existencia de las relaciones y las polaridades; es necesario un cuarto término que defina la "cosa" en sí misma.

Los cuatro elementos tradicionales —aire, tierra, agua y fuego— representan las funciones que permiten que la materia exista. Estos no son simplemente intentos primitivos de describir los componentes físicos del universo, sino que reflejan una manera sofisticada de explicar la naturaleza intrínseca de la materia. El fuego, por ejemplo, simboliza el principio activo, la tierra el principio receptivo, el aire el mediador, y el agua el compuesto.

Este número, el cuatro, se relaciona con la sustancialidad y la estructura de lo material, y puede observarse en símbolos dentro de las logias como los cuatro lados del Delantal y los cuatro lados de la Logia.

Cinco

El número cinco, en la tradición pitagórica, representa el "amor", ya que es la unión del primer número masculino (tres) con el primer número femenino (dos). Este número es clave para comprender la creación, ya que incorpora los principios de polaridad y reconciliación, que son esenciales en el funcionamiento del universo manifestado.

Todas las proporciones y relaciones armónicas surgen de las interacciones entre los números dos, tres y cinco. Esta armonía se manifiesta en formas visibles en la naturaleza, como en las hojas de las plantas, que suelen tener cinco puntas, o en las flores, que muchas veces presentan cinco pétalos. El cinco también tiene un papel importante en la música, como en la escala pentatónica, donde las proporciones derivadas del número cinco son fundamentales.

En las logias, el cinco está representado por símbolos como la estrella de cinco puntas, que en la antigua tradición egipcia simbolizaba la vida eterna. Además, los cinco pasos que se mencionan en una de las ceremonias masónicas están asociados a la idea de potencialidad y creación.

Seis

El número seis es necesario para definir el marco en el que ocurren los fenómenos de creación, es decir, el tiempo y el espacio. Los números del uno al cinco pueden considerarse como metafísicos, ya que no pueden ser percibidos directamente por los sentidos. Sin embargo, el seis introduce la realidad física que sí podemos experimentar.

El seis describe el marco en el que nos movemos, lo que percibimos como tiempo y espacio. Para nuestros sentidos físicos, estos conceptos parecen infinitos, y en muchas filosofías, como el sufismo o las enseñanzas orientales, se argumenta que el tiempo y el espacio son una construcción mental. No obstante, en el plano material, estos son muy reales y tienen un efecto directo sobre la vida humana.

En las logias, el seis está simbolizado por los sillares y el altar. También se relaciona con el calibre de veinticuatro pulgadas, un símbolo del tiempo y el espacio, así como con el sello de Salomón, que tiene seis puntas.

Siete

El número siete, además de representar el principio de crecimiento, incorpora tanto la materia como el espíritu. Es un número que refleja el proceso de llegar a ser, de convertirse en algo más. Este crecimiento no ocurre de manera continua, sino en etapas o saltos, muchas veces organizados en ciclos de siete.

Este número es fundamental en la música, donde la escala armónica está compuesta por siete notas desiguales. También es el número del equilibrio, simbolizado por el séptimo signo del zodíaco, Libra, que representa la armonía.

En las logias, el siete es un número central, ya que, según el ritual, se necesitan siete para hacer una logia perfecta. También define las siete artes y ciencias liberales, que equilibran la mente humana.

Ocho, Nueve y más

Cada número más allá del siete tiene su propia función, aunque también incorpora la influencia de los números previos. El número ocho, por ejemplo, se relaciona con el mundo físico tal como lo experimentamos, mientras que los números superiores hasta el doce describen el patrón y el plan del universo. Estos números no forman parte de la experiencia directa, pero pueden comprenderse a través del estudio filosófico y espiritual.

En las tradiciones esotéricas, estos números superiores, como la Tetractys y la Gran Enéada, simbolizan la complejidad de las funciones y principios del universo. Son herramientas de meditación que permiten desentrañar las relaciones y correspondencias que rigen tanto el mundo físico como el metafísico.

Raíces de la Orden Masónica

La Masonería, con su rica tradición de símbolos y rituales, ha sido objeto de estudio y debate en cuanto a sus verdaderos orígenes. Aunque la teoría predominante sostiene que las logias y rituales masónicos derivan directamente de los masones operativos medievales, dedicados a la construcción de catedrales y otras edificaciones, esta explicación podría no ser completamente satisfactoria. Una investigación más profunda sugiere que los rituales masónicos incorporan elementos de antiguos misterios y tradiciones esotéricas, reflejando influencias de diversas culturas y órdenes místicas a lo largo de la historia.

Influencia de los Caballeros Templarios

Una de las teorías más intrigantes propone que los rituales masónicos tienen sus raíces en los Caballeros Templarios, la legendaria orden militar y religiosa fundada en el siglo XII durante las Cruzadas. Los Templarios adquirieron vastos conocimientos y riquezas, estableciendo conexiones con diversas culturas y tradiciones en el Levante. Tras su abrupta disolución en el siglo XIV, se especula que algunos miembros sobrevivientes mantuvieron en secreto ciertas prácticas y conocimientos adquiridos en Oriente.

Estos Templarios habrían entrado en contacto con los drusos, una comunidad religiosa esotérica originaria de la región del Levante, conocida por sus enseñanzas místicas y prácticas iniciáticas. Los drusos, que combinan elementos del Islam ismailí, el gnosticismo y otras corrientes filosóficas, podrían haber transmitido conocimientos esotéricos a los Templarios. Estas enseñanzas habrían influido en las ceremonias y rituales que los Templarios practicaban en secreto.

Al regresar a Europa, es posible que los Templarios integraran estos conocimientos en nuevas formas de organización y rituales. Con la persecución y disolución de la orden, los Templarios habrían buscado refugio y medios para preservar sus enseñanzas, posiblemente encontrando en las primeras logias masónicas un ambiente propicio para ello. Los paralelismos entre ciertos símbolos y grados de la Masonería y las prácticas templarias respaldan esta teoría.

Además, la arquitectura gótica, promovida por los Templarios y construida por masones operativos, está impregnada de simbolismo esotérico. Las catedrales góticas, con sus proporciones matemáticas, orientaciones astronómicas y detallados relieves simbólicos, podrían ser testimonio de esta fusión de conocimientos entre constructores y místicos.

Aportes del Sufismo y la Orden Bektashi

Otra posible fuente de influencia en los rituales masónicos proviene del Sufismo, la corriente mística del Islam que busca la experiencia directa y personal de lo divino. En particular, la Orden Bektashi, fundada en el siglo XIII en Anatolia, destaca por sus prácticas esotéricas y su énfasis en la igualdad y la fraternidad.

Los Bektashi incorporaban rituales de iniciación que incluían pruebas simbólicas y el uso de símbolos y alegorías para transmitir enseñanzas espirituales profundas. Sus ceremonias estaban diseñadas para ennoblecer al individuo y acercarlo al conocimiento superior, conceptos que resuenan con los objetivos de la Masonería.

Durante las Cruzadas y a través de las rutas comerciales, es plausible que las ideas sufíes llegaran a Europa. Los intercambios culturales y filosóficos entre Oriente y Occidente habrían facilitado la transmisión de estas enseñanzas místicas. La similitud en el uso de símbolos como la luz, el viaje y la construcción interior sugiere una posible conexión.

La estructura jerárquica y los grados de progresión espiritual en el Sufismo podrían haber influido en el desarrollo de los grados masónicos. Además, el énfasis en la tolerancia religiosa y la búsqueda de la verdad universal son principios compartidos por ambas tradiciones.

Influencia de los Rosacruces

Los Rosacruces, una sociedad secreta surgida en Europa en el siglo XVII, representan otra posible raíz de las prácticas masónicas. Los Rosacruces promovían una filosofía que combinaba alquimia, hermetismo, cábala y otras tradiciones esotéricas occidentales, buscando la reforma espiritual y moral de la humanidad.

Las enseñanzas rosacruces se difundieron a través de manifiestos anónimos como la Fama Fraternitatis y la Confessio Fraternitatis, que llamaban a una transformación intelectual y espiritual de la sociedad. Estos escritos influyeron en pensadores y filósofos de la época, algunos de los cuales también estaban involucrados en la Masonería naciente.

Se sugiere que los primeros masones especulativos incorporaron elementos rosacruces en los rituales y simbología masónica. La utilización de símbolos alquímicos, la importancia de la geometría sagrada y el lenguaje simbólico podrían ser indicativos de esta influencia. Los Rosacruces y los Masones compartían el ideal de que el conocimiento oculto podía conducir al perfeccionamiento del individuo y, por ende, de la sociedad.

La idea de la "transmutación" alquímica, que en un sentido espiritual implica la transformación del alma humana, encuentra eco en la metáfora masónica de pulir la "piedra bruta" para convertirla en una "piedra cúbica", apta para la construcción del templo interior.

Síntesis de Tradiciones Esotéricas

Es posible que la Masonería haya absorbido y sintetizado elementos de todas estas tradiciones, creando un sistema único que preserva y transmite conocimientos esotéricos ancestrales. Los rituales masónicos podrían ser vistos como un compendio de símbolos y enseñanzas provenientes de diferentes corrientes místicas, adaptadas y reinterpretadas para las necesidades y contextos de cada época.

La combinación de influencias templarias, sufíes y rosacruces habría enriquecido la práctica masónica, dotándola de una profundidad simbólica que va más allá de la mera asociación de constructores medievales. Esta amalgama de ideas esotéricas habría permitido a la Masonería convertirse en una vía para el autoconocimiento y la iluminación espiritual, atrayendo a individuos interesados en explorar los misterios del universo y de la naturaleza humana.

Aunque la evidencia histórica directa de estas conexiones es limitada, existen indicios en la simbología y en los rituales masónicos que sugieren estas influencias. Por ejemplo:

- Símbolos compartidos: El uso de símbolos como la estrella de cinco puntas, la cruz, la rosa y la espada aparece tanto en la iconografía templaria, sufí y rosacruz como en la masónica.

- Estructura de grados: La progresión a través de grados o niveles de conocimiento es común en todas estas tradiciones, indicando un camino gradual hacia la iluminación.

- Rituales de iniciación: Las pruebas simbólicas y los juramentos de secreto son elementos presentes en los rituales de estas órdenes, destinados a preparar al iniciado para la recepción de conocimientos profundos.

- Enfoque en la moralidad y la virtud: Todas estas tradiciones enfatizan la importancia del desarrollo moral y ético como fundamento para alcanzar niveles superiores de comprensión.

El Legado de los Misterios Antiguos

La Masonería puede ser vista como heredera de los Misterios Antiguos, aquellas escuelas esotéricas de la antigüedad que transmitían conocimientos secretos sobre la naturaleza de la realidad, el cosmos y el espíritu humano. Estas escuelas, presentes en Egipto, Grecia, Persia y otras civilizaciones, utilizaban rituales y símbolos para enseñar verdades profundas a aquellos considerados dignos y preparados.

La preservación y adaptación de estos misterios a través de los siglos habrían encontrado en la Masonería un vehículo adecuado para continuar su legado. Al integrar enseñanzas de diferentes tradiciones, la Masonería ofrece un camino universal que trasciende fronteras culturales y religiosas, enfocándose en los aspectos comunes de la experiencia humana y la búsqueda de significado.

Estas perspectivas sugieren que la Masonería no es simplemente una continuación de las guildas de constructores medievales, sino una tradición viva que ha sabido integrar y preservar enseñanzas ancestrales. Los rituales masónicos, cargados de simbolismo y misterio, invitan a sus miembros a emprender un viaje interior de autodescubrimiento y crecimiento espiritual, reflejando la sabiduría acumulada de múltiples culturas y épocas.

El Delantal como Símbolo Distintivo de la Masonería

"Más antiguo que el Toisón de Oro o el Águila Romana; más honorable que la Estrella o la Jarretera; o que cualquier otra orden existente, siendo la insignia de la inocencia y el vínculo de la amistad."

Con estas palabras se introduce por primera vez el Delantal al masón recién iniciado. Esta insignia, que ha sido utilizada durante milenios en ceremonias de iniciación en diversas culturas y religiones, simboliza el control sobre las pasiones humanas y la liberación de la naturaleza inferior del ser humano. A través de este símbolo, se invita a quien lo porta a seguir el camino de la templanza y la autocontención.

Dentro de la tradición masónica, ningún miembro de la orden se considera completamente "vestido" sin su delantal, el cual se lleva para proteger las vestiduras de manchas mientras se trabaja en la construcción simbólica del templo espiritual. En la antigüedad, el delantal no solo tenía un significado práctico, sino que también se utilizaba como una insignia de honor. Por ejemplo, los sacerdotes israelitas usaban una faja en su investidura, y en los antiguos misterios de Mitra en Persia, el candidato también era investido con un delantal. Esta tradición se extendió a otras culturas como la japonesa, india, etíope, egipcia y maya, así como a ciertos dignatarios de la iglesia cristiana.

En la masonería moderna, el simbolismo del delantal se sostiene sobre dos pilares fundamentales: su color y el material con el que está hecho.

Color

El color blanco, presente en el delantal, ha sido considerado en muchas culturas y épocas como un símbolo de pureza. En el antiguo sacerdocio judío, por ejemplo, el blanco era el color de las vestimentas rituales. Del mismo modo, en la antigua Roma, los sacerdotes vestían de blanco durante los sacrificios, y entre los druidas, el blanco estaba reservado para el grado más elevado, símbolo de perfección. En los primeros rituales cristianos, los recién bautizados también se vestían de blanco, lo que subrayaba la pureza que simbolizaba este color.

Con el tiempo, a este simbolismo se añade el color azul, que en la masonería representa la espiritualidad. Este tono adicional enriquece el significado del delantal, vinculándolo con la búsqueda de lo trascendental.

Material

El material con el que debe estar hecho el delantal masónico es la piel de cordero, un símbolo que desde tiempos antiguos ha representado la inocencia. En múltiples culturas, el cordero ha sido visto como una criatura pura, cuyo sacrificio o presencia se asociaba a la limpieza espiritual y moral.

Geometría

En el ritual masónico se afirma que "Geometría y Masonería son términos originalmente sinónimos". Este vínculo entre geometría y masonería se refleja claramente en el diseño del delantal, compuesto por un rectángulo y un triángulo. Estas dos formas, dispuestas una sobre otra, tienen un simbolismo geométrico profundo.

Cuando el delantal se fabrica con las proporciones adecuadas, emerge una interesante correspondencia con los principios geométricos. El triángulo superior tiene sus lados distribuidos de tal manera que forman una relación pitagórica: 3, 4 y 5 unidades, que corresponden a los lados de un triángulo rectángulo y se utilizan para crear ángulos perfectos de 90 grados.

Además, si se traza una línea desde el vértice del triángulo hacia las esquinas inferiores del delantal, el triángulo resultante tiene los mismos ángulos que la Gran Pirámide de Giza, lo que establece una conexión simbólica con la geometría sagrada.

Simbolismo

El delantal masónico contiene un simbolismo profundo en su diseño. Los cuatro lados de la parte rectangular evocan las cuatro virtudes cardinales: prudencia, templanza, fortaleza y justicia. Por otro lado, el triángulo recuerda los tres pilares fundamentales de la masonería: sabiduría, fuerza y belleza, así como los tres atributos del Gran Arquitecto: omnipotencia, omnisciencia y omnipresencia.

Cuando la solapa del delantal se lleva en posición vertical, este adopta una forma de cinco lados, representando a los cinco miembros que forman una logia y a las cinco órdenes nobles de la arquitectura. Además, este número también evoca los cinco sentidos, elementos clave en la percepción del mundo material y espiritual.

Sumando todos los lados del delantal, se obtiene el número siete, un número que en la simbología masónica tiene un significado especial, recordando las siete artes liberales y ciencias. Este número también se asocia con la perfección y la totalidad.

En la antigüedad, el rectángulo era un símbolo de la materia, lo que sugiere que la parte rectangular del delantal representa la naturaleza física y básica del ser humano. El triángulo, por otro lado, ha sido históricamente un símbolo del espíritu. En el delantal, el triángulo se superpone al rectángulo, simbolizando el dominio del espíritu sobre la materia.

El delantal del aprendiz ingresado es completamente blanco, mientras que el delantal del compañero añade dos rosetas azules, que simbolizan el cuerpo y la mente. En el delantal del Maestro Masón, se añaden tres rosetas, que representan la unión del cuerpo, la mente y el espíritu, reflejando el desarrollo completo del individuo en su trayecto masónico.

En los primeros grados de la masonería, no se utiliza metal en el delantal, lo que simboliza el desapego de los bienes materiales. Sin embargo, en el tercer grado, se introduce la plata, un metal que representa el alma. Las borlas de plata, dispuestas en número de siete, refuerzan el simbolismo del número siete como signo de plenitud. La hebilla de plata, con forma de serpiente, añade otro elemento simbólico, representando la sabiduría ancestral.

El delantal de Maestro Instalado reemplaza las rosetas con tres cruces Tau, una representación simbólica que incorpora la escuadra, el nivel y la plomada, elementos fundamentales en la simbología masónica. El azul más profundo en los delantales de los oficiales de la Gran Logia representa una espiritualidad aún más elevada, mientras que el oro, utilizado en detalles de los delantales, simboliza el espíritu.

Finalmente, es importante señalar que, en la tradición occidental, el delantal no es presentado por el Maestro, sino por el Guardián Mayor, que representa el alma. Este detalle sugiere un profundo significado espiritual sobre el rol del alma en la vida masónica.

La Masonería como Escuela de Misterios

La Masonería, en su esencia más profunda, ha sido considerada por muchos como una heredera de las antiguas Escuelas de Misterios que florecieron en civilizaciones como Egipto, Grecia y Mesopotamia. Estas escuelas eran instituciones esotéricas donde se transmitían conocimientos sagrados y secretos a través de rituales y enseñanzas simbólicas, destinadas a la transformación espiritual y moral del individuo.

La Masonería y la Teosofía

Al sumergirse en los rituales masónicos y explorar los significados ocultos que subyacen en ellos, emergen numerosas conexiones con los antiguos misterios, muchos de los cuales se conservan en las enseñanzas de la Teosofía. Aunque la Masonería no enseña directamente la Teosofía, incorpora varios de sus elementos, destacando puntos en común entre ambas corrientes espirituales.

La Teosofía, como movimiento filosófico y espiritual surgido en el siglo XIX, busca la comprensión de las verdades más profundas sobre la naturaleza divina, el universo y la humanidad. Promueve la idea de que hay una sabiduría divina universal que subyace a todas las religiones y tradiciones espirituales, accesible a través del estudio, la contemplación y el desarrollo interior.

Uno de los principios fundamentales de la Masonería es el Amor Fraternal, que establece la hermandad entre todos los seres humanos, sin distinción alguna. Este ideal se refleja en la práctica masónica de fomentar la solidaridad, la tolerancia y el respeto mutuo entre sus miembros y hacia la humanidad en general. De manera paralela, la Sociedad Teosófica promueve un objetivo similar, buscando la fraternidad universal sin distinción de raza, credo, sexo, casta o color. Esta coincidencia en la promoción de la unidad y la hermandad humana evidencia una convergencia en valores esenciales.

La Masonería también fomenta la caridad y el socorro, valores que se materializan en iniciativas como la Fundación Masónica, dedicada a brindar ayuda a los necesitados y a promover el bienestar social. De manera análoga, la Sociedad Teosófica cuenta con la Orden Teosófica de Servicio, que lleva a cabo labores caritativas y humanitarias. Ambas organizaciones reconocen la importancia de la acción altruista como expresión práctica de sus principios espirituales y morales.

Otro punto de convergencia es el énfasis en la búsqueda de la Verdad. La Masonería alienta a sus miembros a investigar, aprender y comprender las leyes que rigen el universo y la existencia humana. Este principio se refleja en el estudio de símbolos, alegorías y enseñanzas que invitan a la reflexión profunda. De manera similar, el lema de la Sociedad Teosófica es "No hay religión más elevada que la Verdad", subrayando la primacía de la búsqueda del conocimiento y la comprensión por encima de dogmas o creencias rígidas.

Ambos movimientos promueven el estudio y la investigación para descubrir las leyes ocultas de la naturaleza y el potencial humano. La exploración de temas como la metafísica, la cosmología y la ética permite a los individuos expandir su conciencia y desarrollar una comprensión más amplia del mundo que les rodea y de su propio ser interior.

Además, tanto la Masonería como la Teosofía utilizan el simbolismo como herramienta educativa y transformadora. Los símbolos y rituales sirven como medios para transmitir enseñanzas complejas y para conectar al individuo con niveles más profundos de significado y experiencia espiritual. Esta utilización del simbolismo facilita la comunicación de verdades universales que trascienden las limitaciones del lenguaje y la cultura.

Masonería y Rosacrucismo

La historia y los orígenes del ritual masónico parecen haber llegado al presente a través de diversas vías, entre las cuales los Rosacruces juegan un papel significativo. El Rosacrucismo, surgido en Europa en el siglo XVII, es una tradición esotérica que combina elementos de alquimia, hermetismo, cábala y otras corrientes místicas occidentales. Los Rosacruces se presentaban como una fraternidad secreta dedicada a la reforma espiritual y moral de la humanidad, difundiendo conocimiento oculto y promoviendo la sabiduría universal.

Al analizar los rituales masónicos, se pueden identificar profundos vínculos con las enseñanzas rosacruces. Ambos sistemas utilizan símbolos similares, como la rosa y la cruz, que en el Rosacrucismo representan la unión del cuerpo y el alma, la materia y el espíritu. En la Masonería, estos símbolos y otros como la escuadra y el compás sirven para ilustrar principios morales y espirituales, y guiar al iniciado en su desarrollo personal.

Los Rosacruces hacían hincapié en la importancia de la alquimia espiritual, no como la transmutación de metales, sino como la transformación del ser humano en un ser iluminado. Este concepto se refleja en la Masonería a través de la metáfora de pulir la piedra bruta, simbolizando el trabajo interno que cada masón debe realizar para perfeccionarse y contribuir a la construcción del "Templo de la Humanidad".

Además, la estructura de grados y etapas en ambos sistemas indica una progresión gradual hacia niveles superiores de conocimiento y comprensión. Los rituales de iniciación y las pruebas simbólicas preparan al iniciado para recibir enseñanzas más profundas y asumir mayores responsabilidades en su camino espiritual.

La inclusión de conceptos rosacruces en los rituales masónicos no es accidental. Este conocimiento proporciona herramientas esenciales para que el individuo pueda cumplir con el propósito que cada ser humano tiene en la Tierra: alcanzar la realización plena de su potencial y contribuir al bienestar y evolución de la humanidad.

La Búsqueda del Conocimiento Oculto

Tanto la Masonería como las Escuelas de Misterios han reconocido históricamente la importancia de proteger y transmitir el conocimiento esotérico de manera cuidadosa. El uso de símbolos, alegorías y rituales sirve no solo para preservar estas enseñanzas, sino también para asegurar que sean comprendidas y aplicadas correctamente por quienes están preparados para recibirlas.

Esta tradición de ocultamiento selectivo del conocimiento se basa en la comprensión de que ciertas verdades profundas requieren un nivel de madurez y preparación para ser asimiladas adecuadamente. Los rituales masónicos están diseñados para guiar al iniciado a través de este proceso de preparación, despertando su intuición y facultades internas.

La Transformación Personal y el Servicio a la Humanidad

Un tema central en la Masonería y en las Escuelas de Misterios es la idea de que la transformación personal es inseparable del servicio a los demás. El trabajo interno del individuo no es un fin en sí mismo, sino un medio para contribuir de manera más efectiva al bienestar colectivo.

La práctica de la caridad, el socorro y el amor fraternal son expresiones prácticas de este principio. Al cultivar virtudes como la compasión, la generosidad y la empatía, el mason no solo se perfecciona a sí mismo, sino que también actúa como un agente de cambio positivo en su comunidad y en el mundo.

Convergencia de Tradiciones Esotéricas

La convergencia de elementos de la Teosofía y el Rosacrucismo en la Masonería sugiere que esta última actúa como un punto de encuentro para diversas tradiciones esotéricas. Esta síntesis de enseñanzas permite a la Masonería ofrecer un camino amplio y accesible para aquellos que buscan profundizar en los misterios de la existencia y en la comprensión de su propio ser.

La riqueza simbólica y la profundidad filosófica de los rituales masónicos proporcionan un marco en el que los individuos de diferentes antecedentes pueden encontrar significado y orientación. Al enfocarse en principios universales y en la experiencia directa del conocimiento, la Masonería trasciende las limitaciones de las doctrinas específicas, promoviendo una espiritualidad inclusiva y evolutiva.

PARTE III - Vivir la Luz: Un Camino de Búsqueda Espiritual

Después de analizar las ceremonias masónicas y examinar el significado de los rituales, se espera que quien estudie este conocimiento comience a percibir lo que se conoce como "la luz". El ritual masónico, al igual que la vida, encierra un significado más profundo que lo aparente. Se ha señalado un sendero espiritual disponible para quienes buscan la verdad y la iluminación. Este sendero no es accesible para todos; está reservado para aquellos que, tras profundizar en su estudio, buscan un propósito elevado, un conocimiento que trasciende la vida cotidiana, y que siempre ha estado presente, esperando ser descubierto. Este proceso es comparable a un despertar de la mente, un paso desde la oscuridad hacia la luz, guiado por alguien que indica el camino.

El sendero espiritual no es ni corto ni sencillo. Es un trayecto lleno de desafíos, pero también con recompensas incomparables, muchas de las cuales van más allá de la imaginación. A lo largo de este camino, se descubrirá un potencial interior insospechado, que permitirá una conexión más profunda con el Creador.

Para recorrer este camino, es necesario confiar en la propia intuición, esa voz interna que indica si se posee la disposición adecuada para emprenderlo.

>"El objetivo de la humanidad es evolucionar hacia la perfección de su propia naturaleza y reintegrarse a su condición espiritual". - Manuscrito Rosacruz

Este enunciado define el propósito esencial de la existencia. Una vez comprendido, no queda más opción que seguir el sendero hacia esa perfección. Sin embargo, es importante recordar que conocer no basta; es necesario actuar en consecuencia. A lo largo de los siguientes apartados, se presentarán guías para iniciar este proceso.

Los Requisitos del Masón

Al ingresar en una Logia, el Diácono Menor presenta al nuevo iniciado como "un hombre pobre, en estado de oscuridad, que solicita humildemente ser admitido en los misterios y privilegios de la antigua Francmasonería, para lo cual viene debidamente preparado".

La expresión "solicitar humildemente" es una clave esencial para emprender el camino hacia la iluminación. La humildad permite reconocer que no son los propios logros los que elevan a una persona, y el candidato es instruido a seguir a su guía con firme confianza, pero sin arrogancia. Esta guía es la voz interior que orienta el camino. La humildad es una característica fundamental de quienes persiguen altos ideales, ya que estos nunca están completamente satisfechos con su progreso y buscan continuamente mejorar, en contraste con aquellos que se conforman con su grandeza percibida.

Solicitar la admisión implica estar "debidamente preparado". Durante el examen, el iniciado afirma haber sido masón primero en su corazón, lo que significa que ha pasado por un proceso interno previo, en el que ha planteado preguntas esenciales, ha sentido una inclinación hacia lo trascendental y ha desarrollado una insatisfacción con las cosas superficiales del mundo exterior. Este candidato tiene un deseo profundo de conocimiento y crecimiento espiritual, buscando algo mayor que él mismo.

El Maestro pregunta entonces: "¿Cómo espera obtener esos privilegios?". La respuesta es clara: "Siendo hombre, nacido libre, y bajo la lengua de buena fama".

La libertad mencionada aquí no es solo física, sino también mental. Se refiere a la libertad de tomar decisiones conscientes sobre la búsqueda de la iluminación. Además, la "lengua de buena fama" implica que el candidato debe ser sincero, tanto en mente como en espíritu, con los ideales de la orden. La autenticidad de sus palabras y su espíritu es crucial para avanzar en este camino.

Solo aquellos que cumplen con los requisitos de humildad, preparación, libertad y buena reputación están aptos para convertirse en masones y avanzar hacia la iluminación. Los pasos para este desarrollo se abordarán en detalle en los apartados siguientes.

Pautas para el Desarrollo Espiritual

El primer paso en el camino hacia la iluminación es desarrollar la conciencia, lo que comúnmente se denomina "ver la luz". Este concepto involucra varios niveles de percepción.

En primer lugar, es fundamental aumentar la percepción del mundo circundante. Esto implica reconocer la belleza de la naturaleza y descubrir el diseño intrincado que gobierna todo lo que existe. La conexión con el universo, a través de los elementos naturales y su funcionamiento, es esencial para el desarrollo espiritual.

En segundo lugar, se debe ser consciente del impacto que los propios actos, palabras y pensamientos tienen sobre los demás, el entorno y el universo en su conjunto. Todo lo que se hace, dice o piensa tiene una consecuencia más allá del individuo. Esto es importante porque el pensamiento se considera una forma de energía que se transmite y conecta a cada individuo con el todo y, en última instancia, con el Creador.

En tercer lugar, es necesario reconocer que la realidad contiene mucho más de lo que se percibe a simple vista. Una analogía útil es la película Matrix, donde la humanidad vive en un estado de inconsciencia artificial. Al protagonista se le ofrece la opción de tomar una píldora azul que lo mantendría en la ignorancia, o una roja que lo llevaría a la verdad. Quienes buscan la verdad deben estar preparados para enfrentar esta realidad más profunda. El universo es mucho más complejo de lo que los sentidos pueden captar, y a medida que se avanza en el camino espiritual, esta complejidad se revela gradualmente.

Finalmente, el paso más importante es desarrollar la conciencia del propio ser interior, lo que a menudo se denomina el "Principio Maestro". Conectar con este centro es esencial, y se menciona en los rituales masónicos como un objetivo central. La meditación es el medio principal para alcanzar esta conexión y, a través de ella, se puede reconocer la unión entre el propio ser, el universo y el Creador. Este entendimiento es clave para comprender las leyes naturales que rigen el universo.

Prácticas yóguicas para el crecimiento espiritual

El concepto de "Yoga" suele asociarse principalmente con la realización de posturas físicas, aunque estas constituyen solo una pequeña parte de sus prácticas. En su significado más amplio, la palabra "Yoga" se traduce como "unión", haciendo referencia a la integración del ser individual con una realidad superior, lo que implica una conexión con el universo o con la totalidad. Además, se utiliza para describir el camino que conduce a esa unión espiritual.

De acuerdo con ciertas enseñanzas, "todos los objetos existen para el Ser, no para su explotación o disfrute, sino para brindarle experiencias que lo conduzcan a la liberación". Este proceso de liberación sucede de manera natural, pero puede acelerarse mediante la práctica consciente, logrando avances espirituales que, de otro modo, tomarían mucho más tiempo.

El propósito principal del sendero espiritual es guiar este proceso de crecimiento, y las prácticas yóguicas se estructuran específicamente para facilitarlo.

Componentes de la práctica yóguica

Patanjali, compilador de los Yoga Sutras entre los años 400 a.C. y 400 d.C., define ocho aspectos esenciales del Yoga: autocontrol (Yama); observancias (Niyama); postura (Asana); control de la respiración; abstracción sensorial; concentración; contemplación; y trance. Cada uno de estos componentes es importante, aunque en este análisis se profundizará solo en los dos primeros, Yama y Niyama, los cuales delinean un código ético basado en leyes universales. Estas leyes están diseñadas para eliminar las perturbaciones mentales y emocionales, elevando la conciencia hacia niveles superiores.

YAMA (acciones a evitar)

1. No violencia (Ahimsa)

Este principio enfatiza una actitud de no violencia hacia todos los seres vivos, fundamentada en el reconocimiento de la unidad esencial de toda vida. Ahimsa requiere una vigilancia constante sobre pensamientos, emociones, palabras y acciones, ya que en estas dimensiones pueden manifestarse crueldad o injusticia.

La práctica de la no violencia va más allá de la abstención de actos físicos dañinos; implica también evitar palabras hirientes, pensamientos negativos y emociones como el odio o el resentimiento. Ahimsa nos invita a cultivar la compasión y la empatía, entendiendo que todos los seres buscan la felicidad y desean evitar el sufrimiento.

Prácticas recomendadas:
- Meditación de la compasión: Dedicar tiempo diario a meditar sobre el bienestar de todos los seres, expandiendo sentimientos de amor y bondad hacia uno mismo y hacia los demás.
- Atención plena en el habla: Antes de hablar, considerar si las palabras que se van a pronunciar son verdaderas, necesarias y amables.
- Acciones de servicio: Participar en actividades que promuevan el bienestar ajeno, como voluntariados o proyectos comunitarios.
- Alimentación consciente: Adoptar hábitos alimenticios que minimicen el sufrimiento animal, como optar por una dieta vegetariana o reducir el consumo de productos de origen animal.

2. Veracidad (Satya)

Satya implica mucho más que la mera ausencia de mentiras; abarca la evitación de la exageración, el engaño y el fingimiento, tanto en pensamientos como en palabras y acciones. El autoengaño y las supersticiones también se consideran manifestaciones de la falta de veracidad.

Practicar Satya requiere un compromiso con la honestidad en todas las áreas de la vida. Esto incluye ser sinceros con nosotros mismos acerca de nuestras motivaciones y limitaciones, y comunicarnos de manera clara y auténtica con los demás. La veracidad fortalece la confianza y crea relaciones más profundas y significativas.

Prácticas recomendadas:

- Autoexamen regular: Reflexionar sobre las propias acciones y pensamientos para identificar áreas donde pueda haber falta de honestidad.
- Comunicación consciente: Practicar la expresión honesta y respetuosa de sentimientos y opiniones, evitando la manipulación o el ocultamiento.
- Simplificación de la vida: Evitar las complicaciones que surgen de mantener falsedades o apariencias, optando por una vida más transparente y sencilla.
- Educación continua: Buscar conocimiento y comprensión para superar la ignorancia y evitar caer en supersticiones o creencias infundadas.

3. No robar (Asteya)

Asteya no se limita al robo material, sino que también abarca el evitar tomar crédito inmerecido o reclamar privilegios no ganados. Este principio insta a cultivar una actitud de satisfacción con los logros de los demás, eliminando la envidia o el resentimiento.

La práctica de Asteya nos invita a respetar el tiempo, las ideas y los recursos de los demás. Implica también ser puntuales, cumplir con los compromisos y no aprovecharse de la generosidad ajena. Al evitar la codicia y el deseo de poseer lo que no nos pertenece, cultivamos la gratitud y la abundancia interior.

Prácticas recomendadas:

- Fomentar la generosidad: Compartir recursos y conocimientos sin esperar nada a cambio.
- Reconocer a los demás: Dar crédito a quienes corresponda y celebrar los éxitos ajenos.

- Vigilancia en el consumo: Evitar el exceso y el des-
perdicio, adoptando hábitos de consumo responsable.
- Puntualidad y respeto al tiempo: Llegar a tiempo a los
compromisos y ser consciente del valor del tiempo de
los demás.

4. Moderación sensorial (Brahmacharya)

La vida moderna tiende a centrarse en la búsqueda de
placeres sensoriales, lo cual puede generar desequilibrios
emocionales y mentales. El objetivo de Brahmacharya es
redirigir la atención hacia actividades más elevadas, evitando
el deseo de repetir experiencias sensoriales placenteras.

Brahmacharya se interpreta comúnmente como la
práctica de la continencia o la moderación sexual, pero en un
sentido más amplio, se refiere al control de todos los impulsos
sensoriales. Al equilibrar las energías físicas y mentales, se
libera espacio para el crecimiento espiritual y la concentración
en objetivos más elevados.

Prácticas recomendadas:
- Disciplina en hábitos: Establecer rutinas saludables
que incluyan ejercicio, meditación y descanso adecuado.
- Consumo consciente de medios: Limitar la exposición a estímulos excesivos como las redes sociales o
la televisión.
- Práctica de la atención plena: Estar presente en cada
acción, evitando la dispersión mental y las distracciones innecesarias.
- Canalización de energías: Enfocar las energías físicas
y mentales en proyectos creativos, estudios o servicio
a la comunidad.

5. No codicia (Aparigraha)

Este principio se refiere a la moderación en el deseo de acumular riquezas o posesiones. La clave está en cultivar el desapego hacia los bienes materiales, reconociendo que el bienestar no depende de ellos.

Aparigraha nos invita a vivir con simplicidad y a encontrar satisfacción en lo que ya tenemos. Al liberar el apego a las posesiones, reducimos la ansiedad y el miedo a perder, creando espacio para la generosidad y la libertad interior.

Prácticas recomendadas:
- Desprendimiento material: Donar objetos que no se necesiten y evitar acumular bienes innecesarios.
- Reflexión sobre necesidades reales: Diferenciar entre necesidades y deseos, enfocándose en lo esencial.
- Cultivo de la gratitud: Practicar la apreciación diaria de lo que se tiene, tanto material como inmaterial.
- Simplificación de la vida: Adoptar un estilo de vida minimalista que promueva la paz mental y la claridad.

NIYAMA (acciones a adoptar)

1. Pureza (Saucha)

La pureza implica un proceso de refinamiento tanto físico como mental. La purificación física se logra mediante una dieta adecuada y el cuidado del cuerpo, mientras que la purificación mental se alcanza eliminando pensamientos y emociones indeseables.

Saucha promueve prácticas que limpian el cuerpo, como el ejercicio y la higiene personal, y técnicas que purifican la mente, como la meditación y la lectura de textos inspiradores. Al mantener el cuerpo y la mente puros, se facilita la claridad mental y el bienestar general.

Prácticas recomendadas:
- Hábitos de higiene: Mantener una rutina diaria de limpieza personal y del entorno.
- Alimentación saludable: Consumir alimentos nutritivos y frescos que beneficien el cuerpo y la mente.
- Meditación y respiración: Practicar técnicas que ayuden a liberar la mente de impurezas y pensamientos negativos.
- Entorno positivo: Rodearse de personas y ambientes que fomenten la pureza y el crecimiento personal.

2. Contentamiento (Santosha)

El contentamiento es la capacidad de mantener una mente tranquila y satisfecha, independientemente de las circunstancias externas. No debe confundirse con resignación, sino que es una aceptación positiva de la vida.

Santosha nos enseña a encontrar felicidad en el momento presente, sin depender de logros futuros o posesiones materiales. Al aceptar lo que es, sin resistencias ni juicios, cultivamos una paz interior que no se ve afectada por las fluctuaciones externas.

Prácticas recomendadas:
- Gratitud diaria: Reconocer y agradecer las bendiciones y experiencias de cada día.
- Mindfulness: Practicar la atención plena para estar completamente presente en cada momento.

- Aceptación consciente: Reconocer y aceptar las situaciones tal como son antes de actuar o reaccionar.
- Redefinir el éxito: Enfocarse en el crecimiento personal y espiritual en lugar de metas materialistas.

3. Austeridad y autodisciplina (Tapas)

Tapas se relaciona con la capacidad de dominar los deseos materiales y enfocar la energía en objetivos espirituales.

La práctica de Tapas implica la adopción de disciplinas que fortalezcan la voluntad y la determinación. Esto puede incluir ayunos, meditación prolongada o cualquier práctica que suponga un reto personal y promueva el autocontrol.

Prácticas recomendadas:
- Establecer rutinas: Crear y mantener hábitos diarios que apoyen el crecimiento personal, como el ejercicio o la meditación.
- Desafíos personales: Emprender actividades que requieran esfuerzo y compromiso, superando zonas de confort.
- Autocontrol: Practicar la moderación en aspectos como la alimentación, el habla y el uso del tiempo.
- Servicio desinteresado: Participar en acciones altruistas que requieran sacrificio personal por el bien de otros.

4. Autoestudio (Svadhyaya)

El autoestudio consiste en reflexionar sobre textos sagrados y examinarse a sí mismo para obtener una comprensión profunda de la naturaleza interna.

Svadhyaya promueve el aprendizaje continuo y la introspección. Al estudiar enseñanzas espirituales y observar nuestras propias acciones y pensamientos, profundizamos en el autoconocimiento y avanzamos en el camino hacia la realización personal.

Prácticas recomendadas:
- Lectura de textos inspiradores: Dedicar tiempo a estudiar escrituras, filosofía y literatura que fomenten el crecimiento espiritual.
- Journaling: Escribir reflexiones personales para explorar pensamientos y emociones.
- Meditación introspectiva: Practicar técnicas que permitan observar la mente y comprender patrones internos.
- Diálogo con mentores: Buscar guía y compartir experiencias con maestros o compañeros en el camino espiritual.

5. Autoentrega (Ishvarapranidhana)

La autoentrega se refiere a rendirse ante una realidad superior, reconociendo que la verdadera sabiduría y libertad provienen de la cooperación con el Plan Superior.

Ishvarapranidhana implica confiar en una fuerza mayor, ya sea concebida como Dios, el Universo o el Ser Supremo. Al soltar el ego y las necesidades de control, nos abrimos a la guía y la gracia que trascienden el entendimiento racional.

Prácticas recomendadas:
1. Oración y devoción: Establecer una conexión diaria con lo divino a través de rituales personales.

2. Aceptación de la voluntad superior: Reconocer que algunas cosas están fuera de nuestro control y confiar en el flujo de la vida.
3. Servicio espiritual: Realizar acciones en nombre de un propósito más elevado, sin apego a los resultados.
4. Meditación en lo trascendente: Enfocar la práctica meditativa en conectar con lo eterno y universal.

Al profundizar en estos principios yóguicos, se construye una base sólida para el crecimiento personal y espiritual. Integrar Yama y Niyama en la vida diaria fomenta una existencia más consciente, equilibrada y en armonía con el entorno y con uno mismo.

Meditación

La meditación es frecuentemente malinterpretada como un mero medio de relajación, cuando en realidad su propósito es permitir una conexión profunda con el universo a través del ser interior. En diversas enseñanzas se afirma que la meditación es el camino más directo hacia esa conexión. Una cita del Manuscrito Rosacruz expresa esta idea:

"La clave de todos los misterios y la fuente de toda Iluminación se encuentra en lo más profundo de uno mismo".

Este principio subraya la importancia del autoconocimiento como base para comprender verdades universales.

Aunque la meditación y la oración pueden parecer similares, difieren en su enfoque: la oración es una forma activa de comunicación, mientras que la meditación se orienta hacia la receptividad y la quietud interior. El objetivo principal de la meditación es silenciar la mente para permitir impresiones profundas y verdaderas.

Intuición

El desarrollo de la intuición o "sexto sentido" es otra herramienta valiosa para el crecimiento espiritual. Aunque este sentido es innato, en muchas personas permanece sin desarrollar. Existen ejercicios simples que pueden ayudar a fortalecer la intuición, tales como intentar adivinar quién llama al teléfono antes de contestar o prever el remitente de una carta antes de abrirla.

La intuición se fortalece mediante la práctica constante de estos ejercicios, lo cual ayuda a confiar más en las primeras impresiones y menos en el razonamiento consciente.

El universo multidimensional

La exploración del universo ha fascinado a la humanidad durante siglos. Los avances en ciencia y astronomía han permitido un mayor entendimiento de su composición, desde los átomos hasta las partículas subatómicas más pequeñas como los quarks y neutrinos, dando lugar a la teoría de cuerdas, que postula que todo está compuesto por cuerdas vibrantes.

Algunos físicos cuánticos sostienen que existe una fuerza fundamental que conecta todas las formas de existencia, vinculada con lo que antiguamente se llamaba éter o Conciencia Cósmica. Se postula que esta fuerza impregna todo el universo y es la fuente de todas las fuerzas conocidas, como la gravedad y el magnetismo. El universo es visto como una unidad orgánica y viviente, gobernada por jerarquías cósmicas.

En cuanto al Creador, el Gran Arquitecto del Universo, muchas enseñanzas sugieren que cualquier intento de describirlo es limitado. Algunas corrientes filosóficas proponen que el amor divino es la razón última de la creación, donde el Creador se limita para permitir la evolución de seres capaces de recibir y devolver ese amor.

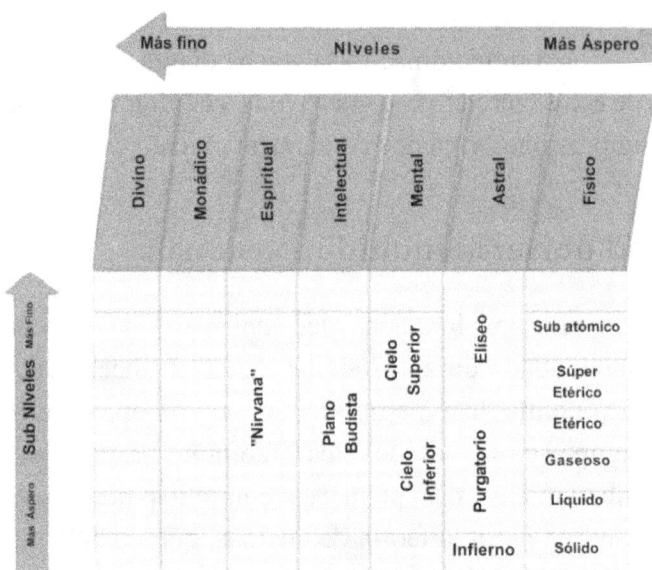

Más fino				Niveles		Más Áspero
Divino	Monádico	Espiritual	Intelectual	Mental	Astral	Físico
						Sub atómico
					Elíseo	Súper Etérico
			"Nirvana"	Cielo Superior		Etérico
			Plano Budista		Purgatorio	Gaseoso
				Cielo Inferior		Líquido
					Infierno	Sólido

Finalmente, las enseñanzas espirituales afirman que lo visible es solo una pequeña parte de la realidad. Existen otros planos de existencia más sutiles, clasificados en siete grandes mundos, cada uno compuesto de subniveles. Estos planos de existencia coexisten con el mundo físico, y se cree que el ser humano está compuesto no solo de cuerpo, mente y espíritu, sino también de otros elementos más sutiles que forman parte de su estructura espiritual total.

El Universo y su Energía

El universo, a simple vista, parece compuesto en su mayoría de vacío. Sin embargo, está impregnado de una fuerza omnipresente que lo llena por completo. Un principio clave en la existencia cósmica sostiene que los pensamientos y emociones no son fenómenos aislados, sino que se proyectan en una conciencia universal. Aunque a menudo se considera que un pensamiento es efímero, este persiste en el universo de manera permanente. Este concepto es fundamental para entender cómo los pensamientos, palabras y acciones contribuyen a mantener el equilibrio kármico.

La ley del karma es una de las principales fuerzas que rigen el universo. Existen quienes, con las habilidades apropiadas, pueden acceder a un conocimiento vasto de todo lo que ha sucedido, conocido como los Registros Akáshicos, a través del desarrollo de una profunda intuición.

Las emociones también funcionan como energías que se transmiten por el cosmos, influyendo en otras personas. Este fenómeno subyace en la telepatía. Por tanto, generar pensamientos positivos puede mejorar el entorno general, mientras que los negativos pueden producir efectos adversos. Ejemplos de transmisión de energía incluyen las sensaciones percibidas al estar en presencia de un orador carismático o la tensión palpable al entrar en una habitación donde hay conflicto. Estas experiencias son manifestaciones reales de energía. Asimismo, la percepción del sufrimiento de otros confirma la interconexión emocional entre las personas.

La Ley de la Mentalidad o del Pensamiento

Otro principio esencial del universo es la ley de la mentalidad o del pensamiento. Este establece que los pensamientos y deseos, cuando son sinceros y alineados con las leyes del karma, tienden a manifestarse en el plano físico. Cuando alguien desea algo con convicción, y dicho deseo no es puramente egoísta, el universo actúa para hacerlo realidad. Para que esta manifestación ocurra, es necesario visualizar el deseo de manera clara y detallada, incorporando sensaciones, sonidos e incluso olores, y mantener la certeza de que se concretará.

Aplicando este principio, es posible realizar acciones que parecen imposibles, como alterar la formación de nubes en el cielo. Aunque este tipo de experiencias puede parecer increíble, son accesibles para quienes trabajan con estos principios universales.

Muchas tradiciones enseñan que "Pide y se te dará", un concepto expresado en el ritual masónico bajo el nombre de la Divina Providencia. No obstante, no todo sucede de inmediato; algunas manifestaciones requieren tiempo y seguir la intuición, tomando decisiones basadas en sentimientos internos que guían el camino.

El universo, tal como lo describe la sabiduría ancestral, opera bajo estos principios. Estos conocimientos están integrados en diversos rituales, proporcionando una guía para quienes puedan descifrarla.

La Sabiduría Antigua es un cuerpo de conocimiento que abarca los misterios ocultos de la naturaleza y la ciencia, y es la base de muchas religiones. Sin embargo, gran parte de la humanidad desconoce este saber, lo que genera preguntas sobre temas como la existencia de Dios, la vida después de la muerte y el propósito de la vida. Aunque estas interrogantes parecen complejas, las respuestas están disponibles para quienes busquen la verdad. Este conocimiento está al alcance de cualquiera dispuesto a hacer el esfuerzo por alcanzarlo.

Este saber no está limitado a una religión específica. Por ejemplo, los primeros cristianos conocían estos principios, y Jesús, en sus enseñanzas, compartió esta sabiduría con sus seguidores.

El Significado Oculto del Padre Nuestro

En el mundo contemporáneo, la influencia de las instituciones religiosas ha disminuido. A medida que la educación avanza, crece el escepticismo hacia temas de espiritualidad. Sin embargo, el interés en la comprensión de la verdadera naturaleza de la existencia divina se mantiene, con muchos movimientos espirituales fomentando este crecimiento. Los textos sagrados no deben ser descartados, sino interpretados desde una perspectiva más profunda, ya que contienen sabiduría valiosa oculta.

Es importante recordar que muchos textos religiosos no deben interpretarse de manera literal, ya que gran parte de su contenido es simbólico o alegórico. Como se indica en un ritual masónico, "Todas las cosas tienen su interior y su exterior, el significado aparente y un significado oculto". Este principio es aplicable a la interpretación de los textos sagrados.

Por ejemplo, los Evangelios cristianos contienen enseñanzas que van más allá de su lectura superficial. Un ejemplo es el análisis profundo del "Padre Nuestro", una de las oraciones más importantes del cristianismo.

Antes de analizar esta oración, es relevante considerar el concepto de la oración en sí. En la mayoría de las religiones, la oración se entiende como una forma de comunicación con lo divino. Las escuelas místicas, sin embargo, enseñan la meditación como una forma de comunión mística entre el ser interior y la Conciencia Cósmica. Mientras que la oración implica hablar con lo divino, la meditación se trata de escuchar a lo divino.

Jesús, considerado por algunos como la encarnación de una conciencia pura, ofreció esta oración para guiar a la humanidad hacia una mayor conciencia espiritual y ayudarles a reconectarse con su origen divino.

La oración que enseñó es la siguiente:

"Padre nuestro que estás en los cielos,

Santificado sea tu nombre.

Venga a nosotros tu reino.

Hágase tu voluntad, como en el cielo, así también en la tierra.

Danos hoy nuestro pan de cada día.

Y perdona nuestras ofensas, como también nosotros perdonamos a los que nos ofenden.

Y no nos dejes caer en tentación;

mas líbranos del mal".

Lucas 11:2-4

El análisis de esta oración puede revelar significados profundos y ocultos. Un esquema que analiza los componentes de la naturaleza humana, desde el cuerpo físico hasta el espíritu, proporciona una mayor comprensión de su simbolismo. Estos aspectos reflejan la naturaleza séptuple del ser humano, y están representados en rituales como los pasos hacia el altar en ciertos grados masónicos, así como en los símbolos del Delantal.

Los Siete Planos de la Existencia
Según Charles Webster Leadbeater

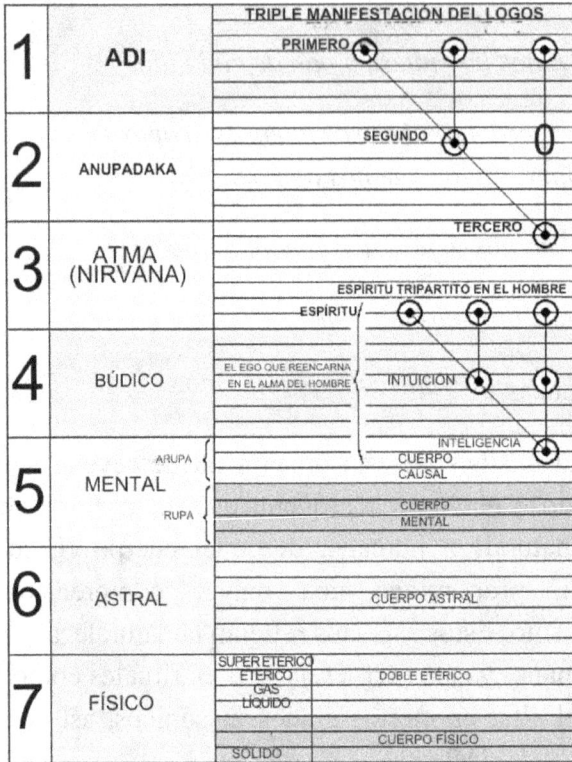

1	ADI	TRIPLE MANIFESTACIÓN DEL LOGOS
		PRIMERO
2	ANUPADAKA	SEGUNDO
3	ATMA (NIRVANA)	TERCERO
4	BÚDICO	ESPÍRITU TRIPARTITO EN EL HOMBRE / ESPÍRITU / EL EGO QUE REENCARNA EN EL ALMA DEL HOMBRE / INTUICIÓN
5	MENTAL	ARUPA { INTELIGENCIA / CUERPO CAUSAL ; RUPA { CUERPO MENTAL
6	ASTRAL	CUERPO ASTRAL
7	FÍSICO	SUPER ETÉRICO / ETÉRICO / GAS / LÍQUIDO — DOBLE ETÉRICO ; CUERPO FÍSICO ; SÓLIDO

Tablero de Avance
Charles Webster Leadbeater[1]

---

[1] Charles Webster Leadbeater fue una figura prominente en la Sociedad Teosófica a finales del siglo XIX y principios del XX, cuya influencia trascendió más allá de este movimiento esotérico. Nacido en 1854 en Inglaterra, Leadbeater inicialmente ejerció como clérigo anglicano antes de dedicarse plenamente a la teosofía en 1883. Su capacidad como escritor y orador lo convirtió en uno de los principales teóricos de la Sociedad, donde exploró profundamente temas relacionados con la espiritualidad, la metafísica y el desarrollo psíquico. Leadbeater es especialmente reconocido por sus detalladas descripciones de los distintos planos de existencia, proponiendo que la realidad se compone de múltiples

La Triple Manifestación del Logos

La Triple Manifestación del Logos, conocida también como la Divina Trinidad, es un concepto presente en varias tradiciones místicas, aunque este texto no se enfocará en su exploración detallada. Los diferentes planos de existencia relacionados con esta manifestación reciben distintos nombres dependiendo del sistema místico que se utilice para describirlos.

El principio más elevado en los seres humanos es el Espíritu Divino, también denominado Atma o Hombre Espíritu. Este se identifica como la esencia de la voluntad creativa del ser divino y es visto como una "chispa inmortal" presente en el ser humano, en consonancia con ideas expresadas en diversos grados de iniciación esotérica.

---

niveles que van más allá del mundo físico, incluyendo planos astrales, mentales y espirituales. Además, enfatizó la importancia del desarrollo psíquico individual, sugiriendo que a través de prácticas como la meditación y la introspección, las personas pueden expandir sus capacidades espirituales y acceder a conocimientos superiores. Una de sus contribuciones más notables es el "Cuadro de Leadbeater", una representación gráfica que ilustra la estructura y la interrelación de estos planos de existencia, proporcionando una herramienta visual para comprender su compleja visión teosófica. Las ideas de Leadbeater han dejado una huella duradera en diversas corrientes esotéricas y espirituales, influyendo también en ámbitos como la metafísica y el desarrollo personal. Su legado perdura, ofreciendo una base teórica que sigue siendo relevante para aquellos interesados en explorar las dimensiones más profundas de la existencia y el potencial espiritual del ser humano. En el contexto de la masonería, las enseñanzas de Leadbeater pueden ser vistas como complementarias, ya que ambas tradiciones buscan el crecimiento personal y la comprensión de realidades más elevadas a través de la introspección y el conocimiento esotérico.

El principio Intuicional, conocido también como Buddhi o Espíritu Vital, representa una manifestación de la Voluntad Divina en toda su diversidad a lo largo del universo. En tradiciones místicas, se le denomina el "reino" y es el reflejo de esa fuerza creadora que permea todas las cosas.

El tercer principio, la Inteligencia, corresponde a la parte superior del principio Mental, conocido también como Manas, Arupa, Cuerpo Causal o Yo Espiritual. Esta inteligencia tiene la capacidad de percibir las entidades del "reino" y reconocerlas en relación con el orden divino, un acto que suele estar imbuido de reverencia hacia toda la creación.

Los Cuerpos del Ser

El ser humano está compuesto por diferentes "cuerpos" o niveles de existencia que interactúan tanto con la dimensión material como con aspectos más sutiles de la realidad.

El cuerpo físico es parte de la sustancia material del universo. Se mantiene gracias al intercambio continuo de materia con la Tierra, a través del consumo de alimentos y su eventual retorno al ciclo natural.

El Cuerpo Etérico, por su parte, es el vehículo que contiene las cualidades más perdurables de la persona, tales como rasgos de temperamento, hábitos profundamente arraigados y elementos culturales. Las transformaciones que ocurren en este nivel afectan de manera significativa a la persona. Las faltas relacionadas con este aspecto del ser suelen referirse a cuestiones de interacción social y responsabilidades, tradicionalmente descritas como "transgresiones" o "deudas", las cuales se acumulan y afectan el ciclo de encarnaciones.

El Cuerpo Astral, en cambio, es el portador de los aspectos menos duraderos del individuo, como los impulsos, deseos, pasiones, y las emociones que fluctúan entre el placer y el dolor. Los cambios en este nivel tienen un impacto menor en la evolución del ser. Las faltas cometidas desde este cuerpo están relacionadas con la personalidad individual y se consideran "tentaciones".

Por último, el cuerpo mental, también conocido como Rupa, Ego o Alma, es el que representa la independencia del ser. Las faltas cometidas en este nivel tienden a estar asociadas con el egoísmo y la obediencia a los deseos del cuerpo físico. Este tipo de comportamiento es visto como un impedimento para la evolución espiritual.

El Propósito de la Vida

El propósito último de la existencia humana se entiende como la evolución hacia un estado divino, dado que la chispa de divinidad presente en cada ser debe ser desarrollada y expresada plenamente. Esta chispa divina, que es parte de un origen superior, tiene como destino el regreso a ese origen, comúnmente referido como el Padre o Creador.

Este viaje de evolución implica una transformación profunda del individuo, llevándolo a una mayor conexión con su esencia divina. El proceso de integrar y manifestar esta chispa interior es considerado esencial para lograr ese retorno al origen divino.

La Oración del Padre Nuestro desde una Perspectiva Esotérica

"Padre nuestro que estás en los cielos" - Se dirige a nuestro ser más íntimo, a nuestra esencia de naturaleza divina.

"Santificado sea tu nombre. Venga a nosotros tu reino" - Nuestra Inteligencia e Intuición rinden reverencia a todo lo manifestado desde la conciencia Cósmica.

"Hágase tu voluntad, como en el cielo, así también en la tierra" - Que nuestra voluntad sea como la del creador y, como dice el antiguo adagio místico: "Como es arriba, es abajo".

"Danos hoy nuestro pan de cada día" - Ayúdanos a nutrir adecuadamente nuestro cuerpo, nuestra mente y nuestro espíritu.

"Perdona nuestras ofensas, como también nosotros perdonamos a los que nos ofenden" - Ayúdanos a aprender de nuestras relaciones, a buscar el perdón y a reparar el daño que hemos causado a otros.

"No nos dejes caer en tentación" - Ayúdanos a controlar nuestras pasiones y deseos degradantes, y a transformarlos en aspiraciones más nobles.

"Líbranos del mal" - Ayúdanos a nunca ser egoístas ni egocéntricos, a conectar nuestra Mente con nuestro yo superior a través de la meditación.

El Diagrama de los Cuerpos Espirituales

El siguiente diagrama propuesto por Rudolf Steiner, muestra la separación de los tres cuerpos espirituales de los cuatro cuerpos materiales. Esto nos ayudará también a utilizar nuestros mandiles como recordatorio de esta oración: el triángulo representa las tres partes espirituales, y la base cuadrada representa las cuatro partes materiales.

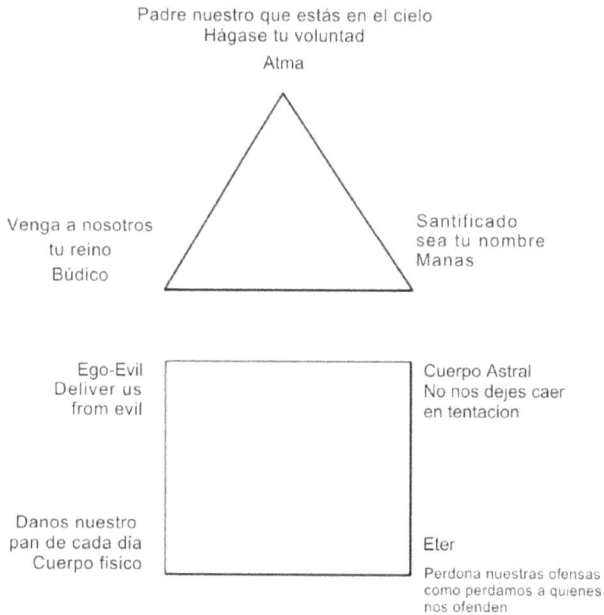

Padre nuestro que estás en el cielo
Hágase tu voluntad
Atma

Venga a nosotros
tu reino
Búdico

Santificado
sea tu nombre
Manas

Ego-Evil
Deliver us
from evil

Cuerpo Astral
No nos dejes caer
en tentacion

Danos nuestro
pan de cada día
Cuerpo físico

Eter

Perdona nuestras ofensas
como perdamos a quienes
nos ofenden

Para resumir el contenido previamente discutido, se hace una solicitud a la Conciencia Divina para facilitar el desarrollo adecuado de todas las dimensiones del ser, permitiendo que cada persona encuentre el camino correcto en su vida terrenal. Este resultado está en línea con las enseñanzas expresadas en el ritual masónico.

La Perseverancia

En esta sección, se procederá a examinar con mayor profundidad la verdadera naturaleza del universo y la existencia humana dentro de él, con el objetivo de comprender mejor el mensaje transmitido a través del ritual.

Vidas múltiples

El escepticismo frente a la reencarnación es común en la sociedad occidental, donde frecuentemente se considera un concepto ajeno, asociado principalmente con filosofías orientales como el budismo o con movimientos poco convencionales. Esta perspectiva suele evolucionar a lo largo de la vida de las personas, quienes en diferentes etapas pueden experimentar distintas posturas frente a las preguntas fundamentales sobre la existencia: el propósito de la vida, la razón de nuestra presencia en el mundo y el destino después de la muerte.

Las responsabilidades cotidianas como el trabajo, la familia y las obligaciones sociales pueden alejar temporalmente a las personas de estas búsquedas existenciales. Sin embargo, el encuentro con las enseñanzas de la Sociedad Teosófica puede despertar nuevamente estas inquietudes fundamentales. Esta organización, fundada a finales del siglo XIX, sostiene que sus enseñanzas tienen raíces antiguas, transmitidas a través de generaciones por individuos que alcanzaron estados elevados de consciencia.

Sus principios abarcan temas como la naturaleza del creador, la estructura del universo —incluyendo el mundo invisible y su jerarquía—, el propósito de la existencia humana, los acontecimientos post-mortem, y leyes universales como el karma y la telepatía, además del desarrollo de capacidades espirituales latentes.

La Sociedad Teosófica argumenta que su conocimiento fue recopilado mediante metodologías similares al método científico, basándose en información de múltiples fuentes, incluyendo testimonios de personas con capacidades clarividentes. La validación de estos conocimientos se realizó mediante la verificación cruzada entre distintas fuentes independientes.

La aceptación de estas enseñanzas requiere apertura hacia la existencia de un plano invisible y el reconocimiento de facultades espirituales como la clarividencia. Los informes sobre proyecciones astrales y experiencias de viajes al mundo invisible proporcionan evidencia que respalda estas teorías. Las investigaciones realizadas por la Antigua Orden Mística de la Rosa Cruz han aportado conocimientos similares y han documentado contactos con la denominada Conciencia Cósmica.

Estas enseñanzas, que fueron parte integral de antiguas civilizaciones como la egipcia, parecen haber sido gradualmente ocultadas o suprimidas con el paso del tiempo. La reencarnación fue defendida por importantes filósofos de la antigüedad como Platón y Pitágoras.

Aunque la Biblia no menciona explícitamente la reencarnación, esta ausencia no implica necesariamente un rechazo a la doctrina, considerando que otros conceptos cristianos fundamentales, como la Trinidad, tampoco se mencionan de manera explícita. Existen pasajes que pueden interpretarse como referencias implícitas a la reencarnación.

El teólogo John W. Sweeley, en su obra "Reincarnation for Christians", argumenta que la reencarnación fue una creencia sostenida y enseñada por Jesús y varios Padres de la Iglesia hasta el siglo VIII, presente también en textos hebreos y tradiciones místicas medievales.

El cardenal Mercier ha señalado que la Iglesia Católica nunca ha condenado formalmente el reencarnacionismo. Durante la Edad Media, grupos cristianos como los cátaros y bogomilos incorporaron la reencarnación en sus creencias.

La doctrina de la reencarnación es fundamental en religiones orientales como el budismo, hinduismo, sijismo y jainismo. En el judaísmo medieval, se incorporó como principio esotérico en la Cábala bajo el concepto de "Gilgul neshamot" (ciclos del alma), siendo el Zohar uno de sus textos fundamentales al respecto.

En el Islam, algunas corrientes como los drusos y ciertos grupos sufíes apoyan la reencarnación. Esta creencia también está presente en numerosas tradiciones indígenas americanas y entre los inuit.

Desde la perspectiva masónica, resulta esencial trascender las limitaciones de organizaciones específicas, tanto civiles como religiosas, para encontrar elementos comunes que revelen las enseñanzas fundamentales. La comprensión del esquema divino y el papel de la humanidad en él se considera crucial, siguiendo el principio de que "la voluntad de la Deidad es la evolución del hombre".

Epílogo

A lo largo de este texto, hemos explorado las profundidades de la masonería esotérica, sumergiéndonos en sus rituales y símbolos para descubrir los secretos ocultos que han sido transmitidos a través de generaciones. Cada grado masónico, desde el Aprendiz hasta el Maestro, nos ha revelado capas de significado cada vez más profundas, invitándonos a una reflexión continua sobre la naturaleza del universo, el propósito de la existencia humana y nuestra relación con lo divino.

Los rituales masónicos, lejos de ser meras representaciones teatrales, encarnan principios universales y verdades trascendentales. Cada gesto, cada palabra, cada símbolo está imbuido de un significado que trasciende lo superficial, apuntando hacia realidades más elevadas. Hemos visto cómo el Templo Masónico se convierte en una representación del propio ser del iniciado, y cómo los oficiales de la Logia personifican aspectos de su naturaleza interna. Esta correspondencia entre lo externo y lo interno nos recuerda que la verdadera iniciación no es un evento aislado, sino un proceso continuo de autodescubrimiento y transformación.

Los pilares Jachín y Boaz, que custodian la entrada del Templo, nos han enseñado sobre la dualidad inherente a la existencia y la necesidad de equilibrar fuerzas opuestas. El pavimento ajedrezado nos ha recordado la interacción constante entre la luz y la oscuridad, el bien y el mal, invitándonos a caminar con rectitud y discernimiento. El delantal masónico, con su forma simbólica, nos ha revelado la triple naturaleza del ser humano: cuerpo, alma y espíritu, y la importancia de subordinar lo material a lo espiritual.

Hemos aprendido que la búsqueda de la Luz no es un camino fácil, sino que requiere perseverancia, humildad y una dedicación inquebrantable a la verdad. Los antiguos misterios nos han enseñado que el conocimiento esotérico no se revela a aquellos que no están preparados, sino que debe ser buscado con sinceridad y merecido a través del esfuerzo personal. Cada masón es un buscador, un peregrino en el sendero de la iluminación, y los grados masónicos son hitos que marcan su progreso en este viaje interior.

La leyenda de Hiram Abif, el maestro constructor del Templo de Salomón, nos ha revelado profundas verdades sobre la naturaleza de la iniciación y la importancia de la fidelidad a los principios más elevados. Su muerte simbólica y su subsiguiente resurrección nos recuerdan que la verdadera maestría no se alcanza sin sacrificio, y que la inmortalidad del alma trasciende los límites de la existencia terrenal.

Más allá de los rituales y símbolos, la masonería esotérica nos ha introducido en una visión del universo que desafía las nociones convencionales. Hemos explorado la idea de la reencarnación, la existencia de planos sutiles de realidad y la interconexión de todas las cosas a través de una Conciencia Cósmica. Estos conceptos, aunque pueden parecer ajenos a la mentalidad occidental moderna, han sido parte integral de antiguas tradiciones místicas y filosóficas, desde el hermetismo hasta la teosofía.

La masonería, en su esencia más profunda, no es solo una fraternidad o una organización, sino una escuela de misterios, un repositorio de sabiduría perenne que ha sido preservada y transmitida a través de los siglos. Sus rituales y símbolos son llaves que abren las puertas de la comprensión, pero es responsabilidad de cada iniciado atravesar esos umbrales y embarcarse en el trabajo interior que conduce a la verdadera iluminación.

Al concluir este recorrido por los misterios masónicos, nos damos cuenta de que este no es un final, sino un comienzo. Los secretos revelados no son respuestas definitivas, sino invitaciones a profundizar en el estudio, la reflexión y la experiencia directa. La masonería esotérica nos brinda un mapa, pero es nuestro deber recorrer el territorio, enfrentando los desafíos y las pruebas que encontremos en el camino.

Que la escuadra de la rectitud y el compás de la sabiduría sean nuestras herramientas en la construcción del templo interior, y que cada paso que demos nos acerque más a la realización de nuestra verdadera naturaleza divina.

FIN

M.M. Maestro Masón y Pluma Arcana

Glosario Masónico y Esotérico

Albert Pike

Autor de 'Morals and Dogma', influyente en el Rito Escocés. Su obra combina filosofía masónica, simbolismo y esoterismo. Figura compleja en la historia masónica, Pike promovió una visión espiritual y simbólica de la masonería.

Mini biografía: Albert Pike (1809-1891) fue un abogado, escritor y militar estadounidense, destacado en la masonería norteamericana.

Alquimia

Antigua práctica esotérica que perseguía la transmutación de metales y la purificación espiritual. Representa el proceso de evolución personal y la 'Gran Obra' en el camino espiritual.

Antigua Orden Mística Rosae Crucis (AMORC)

Orden rosacruz moderna que promueve el misticismo y el estudio esotérico. Enseña prácticas para la armonía espiritual, basadas en tradiciones rosacruces.

Árbol de la Vida (Cábala)

Estructura mística y simbólica en la Cábala que representa el flujo de la energía divina a través de diez esferas o 'sefirot'.

Boaz y Jachín

Columnas simbólicas del Templo de Salomón; representan fuerza y estabilidad. En masonería simbolizan el equilibrio de fuerzas duales.

Cábala

Tradición mística judía que investiga el misterio de Dios y la creación a través de meditaciones y textos sagrados.

Chacras

Centros de energía en el cuerpo humano según tradiciones orientales; cada uno está asociado con aspectos físicos y espirituales.

Conciencia Cósmica

Estado elevado de percepción en el que el individuo experimenta unidad con el universo.

Corpus Hermeticum

Compilación de textos atribuidos a Hermes Trismegisto, que exploran principios místicos sobre la existencia y la creación divina.

Druidas

Sacerdotes de las antiguas culturas celtas, guardianes de conocimientos místicos sobre la naturaleza.

Escuadra y Compás

Símbolos fundamentales en la masonería. La escuadra representa la rectitud moral; el compás, la moderación.

Geometría Sagrada

Estudio de formas geométricas vistas como principios divinos, representativas del orden universal.

Gran Logia Unida de Inglaterra

Institución fundada en 1717, considerada la logia madre de la masonería moderna, regula prácticas de masonería regular.

Helena Blavatsky

Cofundadora de la Sociedad Teosófica, autora de 'La Doctrina Secreta' y promotora del esoterismo en Occidente.

Mini biografía: Helena Blavatsky (1831-1891) fue una escritora rusa que introdujo ideas esotéricas orientales en Europa y América.

Hermes Trismegisto

Figura que fusiona Hermes y Thoth, considerado padre del hermetismo y autor de la 'Tabla Esmeralda'.

Hiram Abif

Maestro constructor del Templo de Salomón y símbolo de sacrificio en la masonería, representa la integridad y el honor.

Kybalion

Obra de 1908 que recoge las enseñanzas herméticas en siete principios que explican las leyes universales.

Louis-Claude de Saint-Martin

Filósofo místico y fundador del Martinismo. Sus escritos exploran la relación del alma con lo divino.

Mini biografía: Louis-Claude de Saint-Martin (1743-1803), el 'Filósofo Desconocido', dedicó su vida a la introspección y purificación espiritual.

Manuscrito Rosacruz

Colección de textos místicos que exploran temas de alquimia y espiritualidad dentro de la tradición rosacruz.

Martinismo

Movimiento cristiano esotérico que busca la unión con lo divino a través de la introspección y prácticas místicas.

Meditación Trascendental

Técnica meditativa basada en mantras para alcanzar paz mental y autoconciencia elevada.

Misterios de Eleusis

Ritos secretos griegos dedicados a Deméter y Perséfone, simbolizan el ciclo de muerte y renacimiento espiritual.

Misterios de Mitra

Culto romano dedicado a Mitra, deidad de la luz y la verdad. Sus rituales simbolizan la lucha entre el bien y el mal.

Nimrod

Rey bíblico y constructor de la Torre de Babel, símbolo de ambición y el desafío de los límites divinos.

Ocultismo

Estudio de ciencias místicas, como la alquimia y astrología, que buscan el conocimiento oculto del universo.

Orden Hermética de la Aurora Dorada

Orden británica del siglo XIX que enseñaba alquimia, magia y misticismo, influyendo en el ocultismo moderno.

Pentagrama

Símbolo de equilibrio y protección en esoterismo, asociado con la armonía de los elementos naturales.

Rito Escocés

Rito masónico que incluye 33 grados y promueve la justicia, el honor y la perfección espiritual mediante enseñanzas éticas.

Shriners

Organización masónica dedicada a la filantropía, famosa por sus hospitales infantiles y su distintivo fez rojo.

Tabernáculo

Santuario temporal de la tradición hebrea, que representa un espacio sagrado de comunión con lo divino.

Zacarías Sitchin

Autor de teorías sobre la intervención extraterrestre en la historia antigua, vinculando civilizaciones con los Anunnaki.

Mini biografía: Zacarías Sitchin (1920-2010) fue un escritor azerbaiyano, defensor de la teoría de antiguos astronautas.

Zohar

Texto cabalístico fundamental que explora la naturaleza divina y los secretos de la creación en la tradición mística judía.

Sobre el Autor

Pluma Arcana, el enigmático autor detrás de esta obra, es un incansable buscador de la verdad que ha dedicado su vida a desentrañar las conspiraciones ocultas que moldean nuestro mundo. Con una mente aguda y una insaciable curiosidad, Pluma Arcana ha sumergido en las profundidades de la historia, la filosofía y el esoterismo para descubrir los hilos invisibles que conectan eventos aparentemente dispares.

Desde temprana edad, Pluma Arcana sintió una profunda fascinación por los misterios que yacen más allá de la superficie de la realidad convencional. Su búsqueda lo ha llevado a explorar diversas tradiciones espirituales y esotéricas, desde el hermetismo y la gnosis hasta las sociedades secretas y los enigmas arqueológicos. A través de sus estudios, ha desarrollado una comprensión única de las fuerzas ocultas que han dado forma a la civilización humana a lo largo de los siglos.

Convencido de que la historia oficial es una mera fachada que oculta una realidad mucho más siniestra, Pluma Arcana se ha sumergido en archivos secretos, documentos desclasificados y testimonios de informantes para armar el rompecabezas de la gran conspiración. Su investigación lo ha llevado a descubrir la existencia de un gobierno en la sombra, una red global de élites y sociedades secretas que manipulan eventos desde detrás del escenario para avanzar en su agenda de dominación mundial.

Además de su labor como escritor y maestro, Pluma Arcana es un apasionado defensor de la libertad individual y la soberanía energética. Cree firmemente que cada ser humano tiene el potencial de convertirse en su propio alquimista, transmutando el plomo de la ignorancia y el miedo en el oro de la sabiduría y la liberación.

A través de sus obras, , Pluma Arcana busca empoderar a sus lectores, proporcionándoles las herramientas y conocimientos necesarios para enfrentar a los Arcontes y reclamar su libertad innata.

Con su estilo único, que combina erudición, profundidad filosófica y un toque de misterio, Pluma Arcana se ha convertido en una figura influyente en los círculos esotéricos y contraculturales. Su mensaje resuena con aquellos que anhelan despertar del letargo impuesto por la mátrix y embarcarse en un viaje de autodescubrimiento y transformación.

★ ★ ★

www.ingramcontent.com/pod-product-compliance
Lightning Source LLC
Chambersburg PA
CBHW060856280326
41934CB00007B/1075